U0017521

我要成為甜點師！

一個人，從東京開始的追夢旅程

劉偉苓——著

我要成為甜點師！

TOKYO

推薦文1

累積實力，向夢想前進

ABC Cooking Studio Taiwan 董事長 **黃尚莉**

很多人都擁有夢想，但是要實現，必須有具體的計畫、面對挑戰的勇氣和堅持下去的毅力。《我要成為甜點師！》這本書，就是記載了一個從小懷有夢想的女生如何經過種種磨練與挑戰，一步一步朝著自己設定的目標邁進。

第一次與偉芩認識，就是在ABC Cooking Studio的面試會裡，她身穿正式服裝、畫著典雅的妝，卻難掩緊張的心情。但當她拿出自己的作品「起司蛋糕」時，我看到她瞬間綻露的自信以及眼裡散發出熱愛甜點的光芒。在ABC Cooking Studio 工作的這段時間，她運用自身的專業經驗，持續保持認真學習新事物的態度，成為一位非常受歡迎的老師，最後甚至升職成為店長，接受了從未有過店務管理工作的挑戰。

偉苓的故事證實了：只要有計畫、毅力與勇氣，一步步的累積自己的實力，就能向夢想前進。希望每一位讀者都能從此得到鼓勵，突破困境，勇敢追夢！

推薦文2

看見執著於夢想的甜點師

自由插畫家　**蔡美保**

不管是《我要成為甜點師！》這本書的誕生，或是偉芩的追夢之路，我想我都應該算是見證人吧。

和偉芩相識於日本的語言學校，那時我們的日文都很爛，後來她去上甜點（製菓）學校，我則去上插畫學校。雖然她比我早幾年回國，但我知道她一直很努力，而且在甜點路上十分專心致志。

很高興看到這本書的出版，因為我知道她又朝著自己的夢想往前跨了一大步。事實上，她曾在我的書《東京・我的畫畫之路》中登場過，日本三一一大地震時，我因為交通癱瘓回不了家，收留本人的就是她。這一次，書裡的人物走出來寫自己的故事。除了覺得人生真的好魔幻，也希望大家可以感受到她對夢想的執著，以及對甜點的熱情。

自序
將追夢的路化為文字

請給我一些時間，讓我與你們分享我感動的心情……

十年前，我很任性的放棄了大學教務處行政人員的工作，也放棄了我大學學習多年的會計專業，決心要為自己的人生做個不同的選擇。我毅然決然拋下一切前往日本三年，在這三年間努力學習日文，接受製菓學校的專業教育。這段期間，我感受到父母與親戚朋友對我的支持，這也是我一直以來最大的幸運。

從日本回台後，除了希望能夠在甜點這條路上做出一番成就之外，我也偷偷在心底放著一個願望，就是希望可以將這些故事整理出一本書。我並不是想出一本教人做甜點的食譜書，我想創作的是一本文字書，期望藉由我親身經歷的故事創造出影響力，甚至讓讀者有勵志感。

就在今年初，我遇見了賞識我的出版社——遠流出版公司。在與出版社編輯和企劃的幾次討論與規畫下，我終於完成了這些文字，也就是你們現在手中的這本作品。

這本書寫的是我選擇走甜點路的契機、到日本奮鬥三年，以及回台面對甜點路現實面的這十年種種。

我的性格原本不太會把所有事情都吐露出來，但在這本書中，你可以看到我在這段路途上不論好壞的內心話。也許你會覺得我是踩著跳躍的腳步編織夢想，但你可能不知道我經歷了多少起起伏伏的波濤、多少焦慮、多少擔憂、多少眼淚與孤單……

出這本書的初衷，是想告訴一些想追夢但總缺乏勇氣、總對自己沒信心，甚至悲觀的覺得自己一定無法達成夢想的人：如果你不去做，你永遠無法知道會不會成功，也不會知道你的能耐和潛力有多少，所以，就大膽的去試吧！

期望能藉由我的書，讓很多人學會勇敢。

目錄

Step 6

找自己的路！……173

對於甜點之路，我開始計畫嘗試前往不一樣的方向。我深信，唯有自己親自走過不同的路，那才是最真實、最與眾不同的人生軌跡。

動手做甜點：草莓起司蛋糕……186

Step 7

從甜點師到甜點老師……189

「甜點師」與「甜點老師」其實只有一線之隔。一位甜點老師，為了要給學生最好最新的技術與知識，自己也必需不斷的進修與練習，對我來說，這似乎是一條更適合我的的路。

動手做甜點：瑞士馬卡龍……216

附錄

資訊小幫手

- 關於烘焙道具，東京必逛……218
- 關於甜點，東京必吃……220
- 關於市集，台北必蒐……223

序章

比賽，或許才是開始

「現在要頒發的是……馬卡龍組冠軍。得獎的是……劉・偉・苓！」

那一天、那一刻，或許會成為我一生中最難忘的一段回憶。

二〇一六年底，我報名參加蛋糕比賽，這次終於得到了馬卡龍組的冠軍頭銜。

原本甜點這條路走來，參加比賽是我從未考慮過的事。因為從小到大，我最怕和別人競爭，無論是才藝比賽、運動競賽，或者升學考試，每每與別人競爭時，總會感受到很大的壓力。但漸漸的，我學會從長遠的人生來看待，既然群體生活都免不了這樣的關係，我何不挑戰自己看看？

從第一次報名了「Gateaux 盃蛋糕技藝競賽」卻遭遇挫敗，到第二次參加「聖誕節蛋糕技藝競賽」得到冠軍，這段歷程對我來說，更讓我確信自己在追夢這條路上，需要不斷學習與精進。

看著參賽選手皆是來自各大飯店及甜點店的主廚、學校老師，以及自營工作室的甜點師，即便我在高手雲集下的壓力爆表，卻學到了對待甜點的態度應該要更加精益求精，要重要的是，我開始明白，比賽，其實是為了超越自己！

得到冠軍對我來說，是一種肯定，但我確信這不是我甜點之路的結束，反倒是人生的另一個開始。

我的馬卡龍冠軍作品

回想起我為了甜點所經歷的一切，從年少時自己摸索，到拋下一切獨自跑到日本學習三年。回國後到巧克力蛋糕店經歷學徒生涯，並嘗試在創意市集擺攤、網路接單，最後來到廚藝教室，從菜鳥老師、副店長、店長，最後幸運成為廚藝教室總公司內部的甜點研修培訓員與監督。這一路走來，點點滴滴許多個人的追夢故事，我都好想與大家分享。我也常常在想，我是何等幸運能經歷這一切！

曾經，身為廚藝教室監督人員的我總是站在教室的一角，循著視線望著工作中的每位老師，他們總是戰戰兢兢的努力著，似乎害怕自己的表現不符合公司期望。我在他們身旁四處觀望走動，將他們的一言一行與教學方式記錄在我的評分表與報告裡。看著大家，我總回想起自己剛進公司的時候，一樣每天戰戰兢兢，卻還是因為不熟悉而時常犯錯。正因為曾經走過，所以特別能體會剛走上這條路的辛苦。但我相信努力會被看見，你相信嗎？

我也經歷過怎麼努力都無法成功、怎麼做都無法被人理解的時刻，但唯有相信自己辦得到，才能真正達到目標。

對我來說，甜點之路沒有盡頭，而我也還沒有到達我最終的目標。而現在的我必須牢牢記住一件事：就算不知道未來可以走到什麼地方，我也要勇敢努力的往前走！

Step 1

目標確定，衝吧！

「我想成為甜點師！」我知道只要往前走，維持這個信念，我平凡無奇的人生也可以變得精彩。

我很清楚，別人無法為我的人生負責，內心藏著的夢想若不去實現，我總有一天會被那股空虛感壓垮。人生快不快樂不是別人說了算，自己選擇的道路就算走錯了，也會無怨無悔！

「我想成為甜點師！」

這是我一直如鯁在喉的夢想……

從我有記憶以來，只要家人過生日，我和爸爸會從家裡走到苗栗三角公園旁的傳統蛋糕店，蛋糕師傅是一個約五十歲的中年大叔，永遠帶著親切笑容，在櫃檯負責收銀的阿姨似乎是他太太。一進門，我就迫不及待衝向高高的三層蛋糕櫃，裡頭擺放著各式各樣的水果鮮奶油蛋糕，在當時，那已是我們鄉下最出色的裝飾蛋糕了。

站在蛋糕櫃前許久，眼睛閃閃發光的我總是花了好多時間觀察琳瑯滿目的蛋糕，像是鑽石鑑識人員般衡量著鑽石的切割、色澤、純淨度、克拉，不放過任何一點瑕疵。我從小對蛋糕的要求，就不只是美味而已，對外觀也有一種無法打破的嚴格堅持，也似乎就是在那時候，我小小的心靈已深植對蛋糕難以解釋的狂熱。

尋找人生那一味

我從高中開始就很喜歡在廚房裡做東做西。當時家裡有一台不大不小的烤箱，我買了一本寫著初學者零失敗的蛋糕食譜來試做。準備好一個打蛋器加上裝湯的瓷碗，就跟著媽媽做起最簡單的海綿蛋糕。一個鐘頭下來，我趴在地上擦地板的時間比烤蛋糕還久，而且毫不誇張，當時我像是中了魔咒一般，每做必敗。無論在烤箱裡多麼蓬鬆高挺的蛋糕，一出爐彷彿都抵抗不了地心引力般，咻咻咻三秒就縮得和黑糖糕一樣又扁又扎實……

我逞強的說：「變黑糖糕也滿好吃的。」但是其實身體很抗拒把它吃下肚。我很清楚，在這個美麗甜點夢的背後其實需要時間與經驗的累積，哪有像我這樣隨便攪攪就成功的道理？

唸大學時，每次暑假或寒假過後，總會有同學帶回日本的伴手禮分享給全班，精美包裝的鵝黃色禮盒上寫著「TOKYO BANANA」，一個個精緻甜點一絲不苟的排列在盒子裡。一撕開包裝，甜甜的香氣撲鼻而來，一口咬下入口即化……

「是香蕉卡士達布丁耶！」那是我永遠無法忘懷的滋味。「啊，這就是日本的味道……」那是我對日本的第一個印象，並且讓我對甜點有了全新的認識。

大學畢業時，很多人會選擇拍照紀念，有些人選擇環島或是做些瘋狂的事，我則選擇前往東京朝聖，作為送給自己的畢業禮物。當時我對日本的印象除了書上學到的地理歷史知識，唯一的認識就是「TOKYO BANANA」的味道。這味道一直散發出一股神祕力量促使我前去探究日本甜點的滋味，可是對我來說，要克服搭飛機的恐懼需要莫大的誘因與勇氣！因為……我怕死。就是這麼囧的原因，導致我從小就抗拒搭飛機。

而這趟畢業旅行，就是有著「飛行恐懼症」的我，為了甜點夢突破個人心防，第一次飛上天空……

義無反顧的決定

大學畢業後，我順利應徵上大學教務處的工作。一畢業就可以錄取這樣的工作簡直是異常幸運；不僅生活穩定、薪水優渥，還有固定年終和三節獎金，根本就是父母心目中最希望孩子從事的夢幻工作。

但我內心又藏著一個蠢蠢欲動的念頭——我想去日本留學。我不時對爸媽釋放出這個訊息。他們當然不贊成，畢竟要放棄待遇好又穩定的工作很可惜。我很了解他們的不捨與擔憂，不過還是默默進行存錢出國與進修日文的準備。

我想，一個人一生中必定曾為自己的人生該何去何從感到困惑，我也不例外。每當夜深人靜，我總是困在徬徨與疑慮中無法自已。周遭的人常說：

「我是為了你好，你不要不相信，也要聽聽人家的意見啊！」我雖然不知道正確答案是什麼，也還不知道該怎麼做最好，但我很清楚，別人無法為我的人生負責，當下我只需要停下腳步，思考過去、現在與未來的自己。

我總覺得，內心藏著的夢想若不去實現，總有一天會被那股空虛感壓垮。人生快不快樂不是別人說的算，只有自己選擇的道路，就算走錯了，也會無怨無悔！

於是，我決定放手一搏！第一關就是要先擺平爸媽。

只要在家，我會刻意在客廳播放張惠妹的〈我要快樂〉：「就算把世界給我，我還是一無所有。」我試圖用音樂的影響力來製造情境，讓爸媽覺得他們的女兒不太快樂（笑）。

「你看你女兒啦，聽那什麼歌！」我媽常無奈的對我爸說。

經過多日的強力攻勢和疲勞轟炸，爸媽妥協了。他們從反對、了解、接受到支持我的想法，而我也在心中默默決定，絕對不辜負他們的期望。

而第二關，就是遞出辭呈。

那是一個寧靜的午後，我喝著咖啡，儘管外表上顯得從容，內心的激動卻快吞沒冷靜的外表。包包裡放著寫了三天三夜、一篇比博士論文還難下筆的告白信……啊，不，是離職信！忐忑不安的心情就像是一個高中女生，正躲在牆角準備向暗戀的男生告白。

「主任，這是給你的信。」我說。

「這什麼啊？」他說。

「主任你回家再看。」我急急忙忙阻止他當場打開來看，然後羞紅著臉一轉身就跑開了。

我到底在幹什麼啊？怎麼搞得跟要告白一樣！我悔恨著。

「你如果現在離職了，可能就回不來了。不後悔嗎？」主管像個父親擔心女兒做蠢事般的走到我背後說。

「我知道，但是我一定要去！」我睜大眼睛看著他，試圖阻止他繼續問下去。

「你確定嗎？」他最後問了這句話。

「我確定！」我點頭回答。

直到離職那一天，我一直沒有自信對大家說出「我想成為甜點師」這句話，但是我知道只要往前走，維持這個信念，我平凡無奇的人生也可以變得很精彩。

出國前大準備

常常有人問我，為什麼選擇去日本學甜點，而不是去法國？

如果有去過這兩個國家的人或許能了解，無論是治安或生活費，日本絕對是更好的選擇，而說到甜點的精緻度，日本也不輸法國。以文化與性情來說，日本善於運用創新元素及巧思，將自己的文化特色融入各式各樣的甜點中；而素有甜點之鄉美名的法國，對我來說，其高不可攀、貴氣逼人的法式甜點反倒有些距離感。雖說法國人性情浪漫、迷人，但日本人的認真與謹慎更吸引我。

「勇敢」是我決定出國留學前大家對我的評價，不過與其說是勇敢，不如說是不知道害怕。

一開始填寫申請表，我就碰上了一些選擇難題。雖然台灣代辦中心都會提供清楚的資料，但要在眾多學校中挑出一所適合自己的，就像要在聯誼活動中找到真愛那樣困難。

第一個難題就是語言學校。

除了一般的日本語語言學校之外，依據目標需求也有很多分類，例如商務觀光短期特別班、日本語教師養成特別班、寒暑假遊學班、打工度假兼遊學班、升大學或研究所特別班、專門學校入學特別班、日本語能力測驗班、商用日語班、商務禮儀密集班……等等。對我來說，最適合我的就是一般日本語語言學校，一來是希望通過能力測驗，二來希望打好扎實的基礎，無論是會話、聽力或文法與寫作。於是我設定了就學的目標，依序是：日本語文學校↓日本語能力試驗Ｎ２↓製菓專門學校。

目標確定後，接著就是選擇想去的地區。

這時，我的腦海浮現出一個聲音：「與其選擇超強的師資陣容或高級的學校設備，不如選擇附近有吃不完甜點的學校。」

順著自己內心的聲音，最後我將學校與宿舍設定在東京都新宿區。新宿算是甜點集散地，光是在百貨地下美食街就可以吃到來自各地的知名甜品。依循這個想法，我選擇了新宿區新大久保車站附近的「友日本語學校」，這是我的第一家語言學校。

其實，語言學校的申請並不複雜，除了可自行上網研究與申請，最簡單的方式就是找留學中心代辦，基本上不太有難度。難度比較高的應該是在到底要準備什麼東西去日本吧。

我從網路上查到各式各樣推薦的留學必備物品，每一位前輩都有自己的獨門準備方式，還有人會把從小陪伴到大、幾乎快支解的玩偶及被單、枕頭一起帶去，打包物品可說應有盡有。

而大部分留學生都會未雨綢繆，深怕自己在國外水土不服，因此會帶上自己愛吃的食物，像是泡麵、濃湯料理包、沙茶醬等，甚至有人堅持帶上重量不輕的大同電鍋。其實，除非是想利用家裡現有家電，要不然在日本購買電器大多比在台灣買還便宜喔（除非你就是要大同電鍋）。

我經過一番深思熟慮，除了牛仔褲、T恤與一台舊筆電，行李箱裡沒帶上任何物品。如果從準備行李可以看出一個人的個性，我或許算是揮揮衣袖不帶走一片雲彩的浪子吧……呵。

東京，我來了！

在真正入學之前，我只去過日本一次，而且還是參加所謂「上車睡覺，停車尿尿，下車拍照」的旅行團。常去日本的朋友總是跟我說，在日本不需要害怕迷路，也不用擔心語言不通，所以我也大膽的認為：「這根本是一塊蛋糕（a piece of cake）」。

但，就在去學校報到的當天，我・迷・路・了！

當天，我提著雖然很空但很大的行李箱從機場到新宿，自以為聰明的拿著寫好的學校地址紙條，交給一位看來還算精明的計程車司機。當我正想著一切順利時，就被帶往一個一直鬼打牆的路程。司機先生始終找不到路，還不斷回頭問我該怎麼辦，我只能乾笑著搖頭。

車子就在巷子裡前前後後開了差不多二十分鐘，司機先生終於像是找到生命之泉般大叫一聲：「找到了！」當時的我也感動得差點哭出來。雖然迷路時的車費要我照單全收，我還是對他說：「辛苦了！謝謝你。」但我心裡其實很想說：「是你找不到耶！」不過，當時日文極差的我只會說這幾句觀光會話……只能說，學校附近同類型的巷子實在太多了，要找到真的很不容易。

接下來就是安頓住宿。我覺得住在學生宿舍與各國人相處，是最快認識不同文化的方式。

宿舍裡有大大小小的房間，一棟三層樓的宿舍，每一間房裡住著從世界各地來日本留學的人。公共廚房是大家交流的區域，在這個區域，我嘗到了各式各樣異國料理，並且喝了人生的第一口酒——濃度百分之七十的俄羅斯酒，當時快燒起來的喉嚨，卻另類成為一種與俄羅斯人交流的開始。大家在兩坪大的廚房空間，用破爛的日文與單純的笑容，填平了離鄉的擔憂與語言的隔閡。

剛進到宿舍，我對學長姊的國籍並沒有太大的關注，只覺得裡面有台灣人就安心了。這是一棟男女生混合的宿舍，除了隔壁是台灣人，還住了不少俄羅斯人與韓國人。

第一次見到我隔壁房間的台灣人時，就覺得這個人與眾不同，瘦瘦高高的，眼睛總是炯炯有神，性格嚴謹，做事條理分明，講話雖犀利卻有溫度，自信而不驕傲。認識不久後，不但常常吃到他做的美味甜點與料理，生活上也常受到他的幫助。有趣的是，在他的房間裡都找不太到語言學校的教科書，因為放滿了各國甜點書與各式料理書。咦？我們讀的不是語言學校嗎？我常覺得他是不是走錯學校了，哈哈。

對我來說，他的存在就像是朋友，也是鄰居，更是我學習的榜樣，他就是烘焙研發達人林文中。當時他給自己一年的期限，要在日本尋找靈感，也因為他的堅持與努力，現在各大書店都可以看到他的暢銷書呢！

第一間語言學校，遺憾的結束

語言學校開學前，大約會有一、兩週的時間讓我們做入學準備，並在開學前舉行我最害怕的分班考試。因為不想浪費錢，我在台灣時就先去補習，把五十音和基礎文法學好。但參加分班考試時，發現根本不是我想像的題目，印象最深刻的五十音考題是在一個圖案下面以平假名提示該物品的單字，考生必須把它寫成片假名，而如果是用片假名提示物品的單字，則必須換成平假名。對日文不錯的人來說，這種題目根本是輕而易舉，但對我這個當時日文還很爛的人來說，簡直比登天還難！

就這樣，我被分配到從五十音開始的初級班，雖然感覺很糗，但幸好在台灣補習過，之後在學習吸收方面都比一般同學快許多。

開學第一天，我帶著期待的心情走進教室，瞬間被眼前的景象震懾住了！自以為已做好心理準備，但最後還是被班上金髮和褐髮的外國人比例嚇到。我的腦袋下意識開始啟動封存已久的「英文模式」，不料，腦袋還沒開機好，一位棕髮藍眼的烏克蘭女孩 Oruga 就主動跟我打招呼，我也驚慌的點頭微笑回應。

我隨意挑了一個位子坐下，隨即旁邊出現一位非常高大、穿著花襯衫卻只扣三顆釦子的俄羅斯男生 Alexey。再回過神來，發現我位子附近都是只能用心靈與肢體溝通的外國人。當然，能與不同國籍的人當同學，其實非常難得，但因為大家的日文都是初級程度，無法正常溝通，況且英文也不是特別流利，常常到最後只能用英文單字溝通或乾脆結束話題。上課時，大家都非常平和快樂的相處，但不知道是不是因為文化不同，下課後就變成亞洲人和亞洲人在一起，歐美人和歐美人在一起，彼此沒有太多交流。這是我覺得最可惜也最遺憾的地方。

語言學校一學期以三個月為單位，由於我是用觀光簽證報名遊學課程，所以學期結束就必須暫時回國。這三個月裡，我認識不少到現在還會聯絡的

和語言學校同學合照

台灣同學，但沒能在就學期間與其他國家的同學成為朋友是一件滿遺憾的事，雖然互留了電話，但各自回國後就沒有再聯絡了。

這讓我想起日劇《求婚大作戰》，男主角的人生不斷後悔著，看著心愛的女生嫁給別人，他渴望回到過去改變現況，且也真的有這樣的機會回到過去，最後不但改變了懦弱的自己，也追回女主角，有了完美結局。好，回到現實，我不會說這世界有哆啦A夢的時光機，因為這就像對你說聖誕老人會在聖誕夜把禮物放在你床邊一樣荒謬，但關於學習，我們隨時可以重來一遍……

就這樣，回台灣後我重新申請了一家新的語言學校，以長期留學的方式入學，期待不會再帶著遺憾離開。

第二間語言學校，我決定廣交朋友

在選擇第二間語言學校時，我刻意選擇以韓國人占大宗的學校，而且學生總人數從全校約兩百人晉升到五百人以上。

因為學生人數多，每班的人數就比之前的學校多出近兩倍。當然，我知道人數少的話，老師一定更能照顧到每一位同學，學習也會更有效率，但是我希望盡可能多認識一些同學，無論來自國外或台灣，因為每個人身上都有值得學習的地方，尤其和來自不同國家的同學交流，還能夠豐富自己的文化體驗。

報到日當天，基於之前迷路的前例，我申請了新生接機報到服務，因此會有專人在固定時間到機場接同一學校的學生。車子是十人座小巴士，就像公車一站站沿路放下學生去宿舍或租屋處。其實比起自己搭計程車，選擇小巴的價錢便宜許多；第一次入學時那驚慌迷路的戲碼，怎麼樣都不會讓它重演（眨眼）。

當然，這次我在分班考試也做好了充足準備，意外的考到比我程度還高的班級。可以直接跳級到高段班，讓我難得有一種優越感。

雖然很滿意自己考的分數，但要是一次跳級到太高段的班級，對學習來說也會不夠扎實。於是我跑去找校長說明，希望可以不要在這麼高段的班。我想，這種好學生自願降級苦讀的戲碼，一生可能只有一次機會演出……

除了學校生活，我還希望自己在日本的生活可以更豐富些，無論是開學前的等待或下課後的時間，我都想要排滿活動。有些人喜歡在空閒時靜享生活、放慢節拍，有些人則像我一樣天生閒不住，喜歡折騰自己過生活（我真的不是受虐狂，哈）。

經由朋友介紹，我發現新宿附近的「新宿多文化交流廣場」是一個鮮少人知道的好去處。因為新宿區有很多外國人，這個協會就是為了幫助外國人融入日本而設立的，並提供很多服務，包括日語學習、外國人生活諮詢、外國人居留資格諮詢、日本各類資料情報設置、日語學習教室……等等。光是日語學習，新宿區內至少設置了十間教室，可以選擇離家最近的教室上課。交流廣場的課程很多都是免費的，一般以口頭練習居多，無論是主題性的要求、與同學對話或是輪流閱讀報紙等練習。比起語言學校，這裡的課程是無壓力式的學習，不但可以練習日文，還可結交世界各地不同國家的朋友！

第一次走進多文化交流廣場的教室，裡面的一側立著一座移動式大白板，桌椅以不規則方式排列，營造出類似咖啡廳的輕鬆氣氛，而裡面坐滿了不同顏色的人種，這可是我第一次在日本看到這麼多國家的人啊。然後我隨意找了一張椅子坐下，大家親切的用日文和我打招呼，之後就繼續用日文開心聊著自己的國家或者生活。這裡就像一個種族大熔爐，是個和樂卻不時會讓你驚覺神奇的地方。

語言學校臥虎藏龍

終於到了開學第一天，又是一個全新的開始！

果然和我想的一樣，可能都是亞洲人的關係，韓國人非常容易親近，就算有語言隔閡和文化差異，入學才一個禮拜左右，課餘時間就會約出去吃飯了，彼此交流也不太有困難。

一開始我們只能用簡單日文打招呼，漸漸進步到可以閒聊自己國家的美食，進而相約出去吃飯或到對方家裡分享自己國家的料理。回想起來，我在語言學校時期所吃的食物，韓式料理可能比日式料理來得多；我到底是在韓國還是日本呀？哈哈。

我們對韓國人的刻板印象是喜歡競爭、急躁、有強烈民族意識……等，但班上的韓國同學其實不會這樣，我認識的韓國同學都很友好、禮讓，而且尊重他人；他們的團結更讓我敬佩，那是值得我們多多學習的優點。

讀了大約一年之後，某學期班上突然轉來兩位韓國人，打扮時髦，身材高挑，長相就像是韓劇裡會出現的男主角，只不過他們總是無表情，看起來很難相處。其中一位留著落腮鬍的歐爸一屁股就坐在我旁邊的位子，另一位長得和傑尼斯的堂本剛很像的歐爸坐在我的位子後面，儘管我表面故作鎮定，內心其實很害怕與看起來難相處的他們說話。

有趣的是，每當下課時，都會有別班女同學徘徊在教室門口，儘管歐爸們下課都在睡覺，但是女孩們一看到他們就會開心談論，還不時尖叫。經過韓國女生朋友的說明，才知道原來落腮鬍歐爸曾在韓國拍過戲！這間語言學校還真是臥虎藏龍啊。

相處了幾天，發現他們難以接近的外表其實只是保護色。我和落腮鬍歐爸及堂本剛歐爸變成很好的朋友，我們經常一起出去吃飯，互相談著各自的夢想，而他們兩人的夢想是成為有名的服裝設計師。看起來對事事都無所謂的他們，對自己的目標卻很明確且非常努力。我們相互約定，如果我完成夢

與第二間語言學校同學合照

落腮鬍歐爸連下課時間睡覺
都要擺很帥的姿勢

堂本剛歐爸

想，就做蛋糕給他們吃；如果他們完成夢想，要讓我穿上他們設計的衣服。

對當時的我們而言，雖然還未達到最終目標，但彼此都知道要在自己的領域堅持信念、努力不懈，就算遇到挫折也不輕易放棄。畢竟這是我們的約定。

現在，落腮鬍歐爸在日本已擔任駐日韓國服飾品牌的CEO，堂本剛歐爸則在二〇一六年於日本設立了自創品牌 for2me_shop，在網路販售自己設計的服裝。

除了這兩位已成知名人士的韓國同學，還有現在已在台灣被封為新銳插畫家的蔡美保小姐。每個同學都有自己來日本的原因，擁有目標與夢想。大家認真度過每一天，努力朝著目標前進的姿態深深烙印在我的腦海中。人生最精彩的不是抵達夢想的瞬間，而是堅持走在夢想道路上的過程。這裡的每一位都有值得我學習的地方，能夠與他們相遇，是我人生中最大的幸運。

再好的朋友、再美的時光，都有曲終人散的時候。正因為如此，我覺得語言學校不只是升學而已，它讓我學到更多教科書上沒有寫的事，有了這樣的體悟，我們在築夢的路上才能走得更淡定、更從容。

雞同鴨講的面試

依據「私費外國人留學生生活實態調查」，從外國留學生一個月的生活費和學費來看，日本全國平均為十三萬八千日圓；若以地區來看，最低是東北的十一萬一千日圓，最高的是東京的十五萬一千日圓。但我覺得，要低於這個平均數字會過得非常克難辛苦。一般留學生除了必要的生活費與學費，難免會面臨各種開支，像是購物或與同學聚餐、旅遊、電信、醫療等費用，所以意料之外的開銷都必須含括在內。

難道我看到這個驚人數字就要打退堂鼓了嗎？不，怎麼可以輕言放棄？「生命自有出口，天無絕人之路。」我腦中不停冒出這句話。就在我感受到人家說的「留學等於燒錢」時，接到一通電話：「偉苓，聽說你想打工，我介紹你一個工作，後天面試。」

「好啊。是什麼工作呢？」我興奮又膽怯的問著。

「是居酒屋外場服務生的工作。你先去面試，等到錄取了再考慮要不要去上班。」朋友鼓勵著。

可見，找工作這件事除了要擁有好運氣與平時的努力，更加重要的是，朋友！

面試前，我把那間居酒屋的菜單都背過一遍，連串燒名稱、肉的部位都仔仔細細背熟，並上網查了面試問題集，利用一整天的時間臨時抱佛腳，然後就開始了我在日本的面試初體驗。

「初次見面，我叫劉偉苓，請多多指教。」我用日文說著。

居酒屋店長用狐疑的眼神看著我，我才驚覺我是穿著碎花洋裝、踩著高跟鞋，來到一個滿是粗獷男職員的店裡面試！這時哪有懊悔的時間啊！

店長請我坐下後，開始說一大串日文。我滿身冷汗的看著他，心想：「為什麼一句話都聽不懂……」（後來才知道，店長來自鹿兒島，所以帶著有點重的鹿兒島腔。）

我的腎上腺素瞬間被激發出來，只要聽到店長講出某些關鍵字，我就馬上帶入前一晚背好的面試大全。

問什麼答什麼，看似應對流暢，其實我根本不知道自己是不是答非所問！「啊啊啊！好想大叫啊！」我內心不停這樣OS。

終於在面試二十分鐘後，我聽到店長跟我說感謝我今天前來之類的話（面試大全裡有寫），我鬆了一口氣，很快的跟店長道別。

居酒屋打工記

在這世界上，什麼奇怪的事情都有可能發生。

三天後，我竟然接到錄取通知！

就在上班第一天，我面試時的流利日文馬上破功。當時店長叫我去內場拿盤子給他，我卻跑去洗碗！店長還開玩笑說：「我被你騙了！」

我就在這個充滿外星語的環境下，開始了我居酒屋的工作。

知道嗎？在日本的服務業，不論是上早班還是晚班，不管你幾點進入店裡工作，第一句話都要講「早安」，要走進員工休息室前，都得先背對著門向外面的客人鞠躬（根本沒人看啊！），甚至講電話時要對著「空氣」鞠躬，這些怪異的潛規則和小細節時常把我搞瘋。

我工作的居酒屋客群大約都是三十歲以上的男性，每到下班時間，店裡總擠滿黑壓壓穿著西裝的上班族。來居酒屋的上班族大多是開心的，店內氣氛總是吵雜但很愉快，雖然偶爾會碰到嘲笑我日文不好、學我講不標準日文的無聊男子，但大部分的客人都很體諒且禮貌的對待我這個外國人。

我常常會不小心打翻啤酒在客人身上，或打破盤子、點錯餐、上錯菜，甚至把「可以讓我收拾桌面嗎」講成「可以幫我收拾桌面嗎」，結果整桌的日本人幫我一起收拾桌子……。一連串的囧事細數起來，大概要講上三天三夜吧。

這裡的店員大多是日本人，每當客人不多的時候，他們會拿紙筆教我日文，不過當然不是學校教的日文，而是客人若詢問菜單內容或肉品部位時該如何回答之類的。當然，偶爾他們也會教我一些私下如何罵店長的可愛話語，什麼鬼啊、什麼蟲的，課本學不到的罵人話都可以在打工時學到，算是意外的收穫啊！

菜鳥的成長

工作了一個月左右，我已經能聽懂百分之五十的日文了。但畢竟是第一次從事服務業，而且又是在我不熟悉的日文環境裡，我的學習力確實比日本人慢了不少，想努力，卻不知道該如何努力……就在這段低潮期，我發生了被前輩電爆和與店長衝突的狀況。

店長來自鹿兒島，是一個隻身來東京工作的年輕人，從我認識他開始，就覺得他是個很有趣的日本人。他的身高大約一百七十公分，瘦瘦的，戴著眼鏡，總在休息時和我們談論著他在鹿兒島的女友以及暴走族的哥哥。每次店裡發生客訴，他總是變身為溫和又彬彬有禮的主管向客人道歉，而客人通常很滿意他的處理方式。不過每次他道歉完走回櫃檯面向我們時，會有如川劇變臉般，一轉頭白眼已經翻到銀河系外了！店長的這個技藝真可稱得上世界第一。

這是我工作的居酒屋
——大東京酒場

常聽到在日本打工的朋友說到他們工作時被欺負、不受尊重，甚至還被大力巴頭和狠踹，我也曾在店裡看過其他日本店員遭到這樣對待。店長雖然沒有這樣對待我，卻常常誤會我。最難受的一次是，有位日本同事點錯餐被客人抱怨，店長突然暴怒的抓著我到店外大罵：「你到底在幹什麼?!」

我一句話都說不出來，一方面被嚇到忘記要解釋，一方面我看到那位犯錯的同事在遠處望著我，雙手合十，嘴裡一直唸著「抱歉抱歉」。其實這也只能怪我之前犯下太多錯誤，造成店長對我的印象不好，以至於只要發生錯誤，他立刻認定是我做的。

從那天起，我努力想扭轉形象，想更努力在工作上有所表現，但因為被誤會實在讓我氣不過，我像個幼稚的孩子一樣既不和店長說話、也不看他一眼，維持了一個禮拜。

終於，店長受不了跑來對我說：「你要跟我溝通啊！你都不說話。」現在回想起來，我這個外國人真是好大的狗膽啊！但也發現，店長其實是個面惡心善的好人。

就這樣，我從一個需要前輩協助的大菜鳥，到再也不需要筆記本或帶著尷尬笑容請同事代為服務的老鳥，最後還被指派單獨去服務一整層樓的客人。很感謝店長對我的信任，對當時的我來說，都是最大的鼓勵，也給了我前進的力量。

兼差教中文

我在居酒屋打工的薪資是時薪一千日圓，不論幾點開始上班，只要超過晚上十點或假日上班，公司會依規定多支付平常薪資的百分之二十五（晚上十點開始的時薪為一二五〇日圓）。

由於我固定安排星期一至星期五晚上六點到十一點上班，所以我一天只能領到五二五〇日圓，這對每天都像在燒錢中度過的留學生來說，其實不夠用。於是我靈機一動，想到可以利用我的優勢去找兼職，那就是「教・中・文」！

日本有很多上班族因工作需要而學中文，他們很希望能碰上我們這些會基礎日文的華人。但我當時完全沒有教學經驗，因此在徵家教的網站上開出試教一小時一千日圓的價碼，算是體驗課的概念，就算學生最後覺得不適合而不續聘，也可以收到試教的薪水。當然，若能續聘，一小時要收多少錢就要靠經驗累積了。

依我觀察，一開始千萬別開得太高價，因為在日本想教中文的台灣人與中國人非常多，競爭其實很激烈。

一般家教的價錢從一小時一千五百日圓到五千日圓不等。至於相約教學路程的交通費或約在咖啡廳的飲料費等，要由哪方負擔或各自支付，都得事先談妥。以我和大部分的學生來看，他們都會負擔我的飲料費用，因為約定的地點都在我宿舍附近，所以也沒有交通費的問題。

我的第一位學生是小城先生，我們直到現在仍是朋友。記得第一次上課時，他提著一只手提袋，騎著腳踏車，到我宿舍附近的咖啡廳上課。他態度恭敬又謙虛有禮，包包裡永遠裝滿書，看起來就是一個有學問的讀書人。聊過天後才知道，他是在外交部工作的公務員。基本上，在日本外交部工作的人都是菁英，通常精通多國語言（小城先生的中文和韓文都很流利），大多畢業於東大、早稻田等知名學府，畢業後通過考試投身政府機關，這也難怪有人說在日本能成為公務員是一種榮耀。

不過，我覺得小城先生比我更懂得如何學語文。我們的家教內容根本沒有教科書，除了每個禮拜六固定兩小時的生活會話課，上課前我們還會用電子郵件寫些類似交換日記的文章，每週訂出一個主題，例如健康或財經，然後他會先打成日文，再翻譯成中文寄給我。我則修改他的中文字句，再回中文信給他。

每星期六的會話課就會有會話練習（聽與說）、複誦改好的交換日記

（讀）、交換日記中的錯誤訂正（寫），期望全方位幫他提升中文程度。

會話課時，小城先生常會與我聊起學校的話題，感覺像在被一位外交官員詢問台日交流現況，而我也曾不假修飾的回答：「日本人就是不太好相處啊……」我想他當時心裡不斷在冒汗吧，應該從沒碰過講話這麼不圓滑的老師……（哈哈。）

後來經由小城先生的介紹，我又有另一位學生岩本先生。他也是位謙虛有禮的外交部高官，氣質與前總統馬英九有些許神似，每次見面時，總是穿著筆挺的西裝來上課。即將外派到北京的他想惡補自己的中文，他還自備一本書，希望我能帶著他唸，但那本書都是簡體字，對於完全不識簡體字的我，反倒多了回家功課，要努力練習中文拼音和簡體字。

我當時對岩本先生其實有個疑問，如果要外派去北京，他怎麼不找個中國大陸的人學中文呢？詢問了日本朋友才知道，日本人學中文都希望能夠繁體和簡體一箭雙鵰，不過對他們來說，繁體字比較複雜，所以先學複雜的繁體字再學簡體字，似乎比較容易。另外一個原因是，他們認為北京腔的發音較難學，唸起來容易糊在一起，而台灣人的口音對它們來說較為容易。但畢竟真正的市場需求還是偏向於簡體字，所以日本各大書店學習中文的書都以簡體字為主。

除了這兩位學生之外，我還教過各種不同類型的學生，有一般上班族、退休大叔，也有想去台灣留學的研究所畢業生。好笑的是，我的學生百分之百都是男生，換個角度來看，這樣的家教工作也太像「相親」了吧！

動手做甜點

裘康地蛋糕

裘康地蛋糕，其實就是「杏仁海綿蛋糕」。

對我來說，海綿蛋糕就像是一個起點，始終存在我的心裡，它是我自小就有的記憶，從零成功到零失敗，可以說不知經歷了多少挫折，點點滴滴都烙印在我心頭……

我自己研發了一個不會太甜的配方，做給當時在日本的好友當他的生日蛋糕。雖然樸素到不行，卻是我第一次為別人做的生日蛋糕。朋友對這個簡單的蛋糕讚不絕口，而我有信心這個滋味一定也能超越你心中的海綿蛋糕。

材料

- 全蛋……110 g
- 杏仁粉……40 g
- 糖粉……40 g

- 蛋白 …… 100g
- 上白糖（可用白砂糖替代）…… 60g
- 低筋麵粉 …… 35g
- 無鹽奶油 …… 20g

做法

1. 將全蛋、杏仁粉、糖粉混合後打發至淡黃色，再加入已打到硬挺的蛋白霜，最後加入過篩的低筋麵粉與融化的無鹽奶油攪拌均勻。
2. 將麵糊倒入六吋蛋糕模，放入烤箱以一百八十度烘烤二十五分鐘即完成。

Step 2

選擇學校大難題

究竟該如何選擇專門學校呢？要思考的部分好多，專業科目、師資與技術、學費高低、環境或畢業後可得到的資源等等，都是選擇的重點。比較到最後，似乎也沒有什麼更好或不好的學校，只要自己喜歡，就會是最好的學校。

決定學校後，甜點師之路又往前邁進了一小步。

選擇學校就和挑選包包一樣，要考慮款式花色（選定想走的專業）、功能性（師資與可學得的技術）、價錢（學費高低）、附加價值（學校環境或名氣與畢業後可得資源）等，缺一不可。而這些資料，不論是留學代辦中心或專門學校的網站，甚至是就讀的語言學校櫃檯都有提供相關訊息。

選擇學校眉角多

究竟該如何選擇專門學校？

以我來說，我從想就讀的地區開始考慮，看是想每天都用北海道的乳製品做甜點呢？還是希望終日走在像甜點森林的東京街道？或是想投入抹茶大本營的大阪？釐清想法後再循序漸進縮減範圍，從「都」或「區」尋找學校會比較容易。

確定地點後，接著就是「專業（科系）的選擇」。大部分的製菓學校

（甜點學校）都會細分出「和菓子」、「洋菓子」、「麵包」、「營養」這幾個科系。「菓子」就是糕點、甜點、餅乾和糖果的日文總稱，而「和菓子」和「洋菓子」可以簡單的以傳到日本的時間來劃分，例如「和菓子」是在明治之前傳入的甜點，代表有羊羹、麻糬、銅鑼燒、蜂蜜蛋糕等；「洋菓子」是在明治之後傳入，代表有蛋糕、泡芙、塔、巧克力、布丁、果凍等。像我偏好做蛋糕，就是選擇「洋菓子」作為我的專業。

至於學校師資，一般會有專任講師和外聘講師，很多外聘講師還是業界知名主廚。如果學校網站上沒有公布師資，可以參加見學（體驗課）或打電話詢問看看。

再來就是「費用」。整體學費可細分為入學金、授業料（學費）、教育充實費、實習費、學習費、海外研修旅行費、學習用具購入費（買教科書或參考書）等，「入學金」有點類似我們的註冊費，「授業料」是狹義的學費，「學習費」則偏向校外實習的費用。日本的學校很喜歡把各種細項寫出來，看似清楚卻還是含糊不清，和他們模稜兩可的性格很像。

一般來說，學校會公開所有費用的金額，但要注意的是，公開的總金額其實不包括用具與教科書、參考書等費用。而入學之後，若是班上有設計班服，還會有多些額外支出。建議在就學前先做好金錢規畫，並在整體費用之外再多加一點才符合實際狀況。雖然整體費用不少，不過學校也會提供學費分期付款機制，算是一種體貼學生的做法。

由於我已經選定要學習洋菓子專業，所以會再深入研究各個學校能學習到的「技術」，例如最重要的「洋菓子實做課程」有沒有包含「工藝菓子」類課程，像是翻糖、杏仁糕、拉糖、裝飾等，另外像是商品知識、待客技巧、包裝、就業活動、行銷、製菓理論與材料、食品衛生、營養學、色彩學等等，依據每所學校的校風不同，開設的課程也不同。

以「洋菓子實做課程」來說，就是藉由實際操作讓學生增加甜點製作上的熟悉度，才能發現製作時的問題。每所學校的實做課程比例不一，有些學校非常重視，會將實做部分拉高到占整體課程的六至七成；有的學校則希望學生的實做與理論並重，所占比例就會調整到四至五成。

對我來說，我考量的重點是兩者並重，因為理論知識不但能在研發時讓甜點更有變化，而且發揮的創意能更有彈性。放眼當下許多甜點大師不僅擁有一身高超技術，還具備豐富的理論知識，我想這是他們在競爭如此激烈的時代能夠勝出的重要原因吧！

而學校的附加價值是什麼呢？講白一點，就是學校的知名度。但「知名度」和「名聲」其實是一體兩面，有的學校行銷能力很強，做了很多廣告，名氣很大，但是或許不符合自己想學習的目標；有些學校儘管沒沒無名，如果師資堅強，對學生的教育又極為重視，何嘗不是一所好學校呢？所以在關心知名度的同時，我也會打聽學校的名聲。

另外還有一點比知名度更重要，那就是這所學校是否被國家認可。日本的專門學校很多，教學品質難免參差不齊，畢竟大家花了大筆金錢、時間和精力來學習一技之長，如果學歷不被國家認可實在很可惜。（當然，如果不在乎學歷證明、只想學技術的話，就另當別論。）

我最後就是根據「地點」、「科系」、「師資」、「費用」、「學習方向」、「實做與理論比例」、「知名度」這些方向與資訊，選擇出最適合我的學校。

到製菓學校見學

評估了各所學校的書面資訊後，我心中大致有了想法，但實際體驗了幾所學校的見學課程後，才讓我真正做了最後決定。

所謂的「見學」，就是實地參觀再實做的體驗課程。每一所專門學校都會舉辦這類活動，尤其是製菓學校，經常會有非常豐富的甜點實做體驗課提供大家選擇。

整體來說，製菓學校一整年都會舉辦見學，但冬天開始到春天的這段期間（一至五月），幾乎是日本高中生一、二年級限定的「見學」。夏天起，就會慢慢開放給畢業生、社會人士與外國人參加。不過或許因為最近有太多無法用日文溝通的外國人想參加體驗，有些學校開始嚴格規定學生的日文程度，若無法用日文溝通就不能參加，所以參加前要先詢問清楚。

為了選出最適合自己的學校，我報名參加了下列六所學校的見學課程。

第一間：新宿調理師專門學校

這所學校位於西新宿，地點非常方便，從地鐵西新宿站出站之後三分鐘就會到達，光是這點就好吸引人。

這間調理師專門學校就是以培養廚師（調理師）為目標。在日本，廚師除了必須學習日式、西式、中式料理的技術，就連甜點、麵包、調酒、咖啡、餐桌禮儀等都得學，所以是全方位的課程。

見學課程包括示範和實做，內容之豐富讓我眼花撩亂！當天是料理方面

新宿調理師專門學校
的見學內容超豐富！

的體驗課程，一堂課兩小時，內容是如何切出一朵漂亮又可食用的番茄玫瑰花。我的刀工原本就不好，更不用說在水果上雕花了。沒想到在老師教了幾個訣竅後，竟然能做出頗具餐廳風格的番茄花！

除此之外，當天也做了焗烤南瓜飯和蘑菇生菜沙拉，每一樣都意外的簡單卻非常美味。最後配上一個巧克力莓果慕斯蛋糕、一杯紅茶，完成了一整天的見學課程。

當下我真的被這所學校的專業吸引住，無論是學校環境或老師的專業度都沒話說。但後來得知甜點課程的比例實在少得可憐，不太符合我想成為專業甜點師的終極目標，因此體驗課之後，我決定再找下一間學校。

第二間：東京誠心調理師專門學校

這間誠心學園位於ＪＲ東急蒲田車站走路八分鐘的距離，同樣是一所以成為全方位廚師為目標的學校，因為也有甜點主修課程，所以我將這所學

誠心學園贈送
貼心的伴手禮

校列入見學選項。不過因為甜點體驗課程時間配合不上，只好選擇中式料理作為體驗的主題。

當天課程學做了中式陽春麵、溏心蛋、酥炸豬肉條。日本主廚示範時，切、片、剁、劈、拍、剞等六大刀法展露無疑，不得不佩服日本人把我們中式料理的精髓研究到如此透徹。可惜這間學校的甜點課程占總課程的比例偏少且不夠專精。離開前，學校很貼心的送我一個磅蛋糕作為禮物，害我回家後竟起了重新考慮這所學校的念頭。

第三間：專門學校 Visionary Arts（VQ）

涉谷是東京的潮流集散地，也是許多藝人和年輕人採購行頭的地方，位在這裡的ＶＱ不僅享有地點優勢，製菓科還主打高比例的實做課程。以為期兩年的課程來看，實習課程（含店鋪實習）就占了近兩千個小時（實做課程占五三％），真的很吸引人。

還有一點很特別的是，不論選擇專攻製菓、巧克力或麵包課程，實做課都會跨到其他科系，例如「製菓」一週有八堂甜點實做課和三堂麵包實做課；「麵包」則為八堂麵包實做課和三堂甜點實做課。此外，還有一個特別的科系「Food Business 專攻」（類似餐飲科），一週有兩堂巧克力實做、兩堂麵包實做以及兩堂甜點實作，更大比例著重於咖啡實做課，像這類課程就很適合店鋪負責人或老闆來就讀。

一走進學校，我就發現這裡的每個設施都很有流行感，無論是學校入口或附設的咖啡廳，甚至教室地板都是流行的鵝黃色。每間實做教室都有乾淨的白色桌面與木質櫃，還有整面的半落地窗，毫不違和的融入流行味濃厚的涉谷區。

當天體驗課程的內容是日本最經典的日式菠蘿麵包。老師的麵團都是事先就做好的，只是讓我們塑型而已，不過能夠見識到這麼精緻的學校，真的很令人難忘。

VQ 招待見學生的點心

雖然學校的科系專攻太廣泛了點（跨領域比例太高），感覺不夠專精，但實做比例與理論比例似乎分配得恰到好處，光是這項優勢，就被我列在最終選項前三名。

第四家：服部營養專門學校

我想，只要是喜歡看日本電視節目的人，都聽過這所學校的名字吧，因為它常出現在綜藝節目或美食節目中。校長服部幸應先生的家族在料理界名聲響亮，學校本身也出了不少藝人。

會來這裡見學，一開始是被它的名氣吸引。它在日本不但有名，且業界人脈廣、資源豐富，入學後，相信學校對學生各方面的支援及對未來就業都是很強大的後盾！不但如此，學校所在位置距離ＪＲ代代木車站僅三分鐘路程，可以說享有人和地利的優勢！

我一走進服部，立刻感受到什麼叫做「氣勢」。當天見學的人多到像在

第一次收到筷子禮

讓人很有成就感
的聖誕蛋糕

電影院等候入場一樣，說明會的教室也因為有高級的高低差座位，讓滿滿的人不論坐哪裡都能看得很清楚。一杯熱茶、一本講義，還有一雙筷子。咦？為什麼一開始就送筷子？後來問了日本朋友，才知道日本人視筷子為生命之杖，對筷子有難以言喻的情感，所以算是一個很有意義的禮物。

課程的主題是聖誕節蛋糕，在老師示範之後，我們就被帶到實做教室去練習。教室很大，人雖然多，卻不顯得擁擠。老師非常能掌握所有學生的進度，短時間就完成了一個可愛又精緻的聖誕節蛋糕，讓我覺得很神奇、很有成就感。

服部一年制的調理師本科是我這次見學最想了解的部分，它是能學習到甜點與麵包的科系。仔細了解後，發現學校非常重視理論，一週只有四堂實做課（占三二％左右），和其他學校相比，實做課程比例較少。就是因為這點讓我非常猶豫。

最後離開時，學校送給每個人一大袋禮物，裡面有校長代言的拭巾和環保袋、圍裙、說明冊。看到這麼多配合廠商，我想這所學校在日本烘焙界的地位應該無人能敵吧。

第五間：東京製菓學校

東京製菓學校位於新宿區，從高田馬場車站走路約七分鐘就可到達。其實東京製菓在台灣的名聲響亮，學生以外國人居多。我參加見學時，身邊全是講中文的人，還以為自己又回到台灣。對當時在日本已一年多的我來說，是一個讓人感到安心的地方。

東京製菓也是主打高比例實做課的學校。以兩年課程來說，實做課共計一八一二小時（占六三％左右），這點著實讓我認真考慮要入學。當天的體驗課程是蛋糕捲，我的這一組是五個人共做一件成品。當時有很多步驟都無法親自做到，例如抹蛋糕內餡只能一人抹一小部分，雖然覺得很有趣，但想到如果是正式課程，可能就沒有那麼多時間可以這樣互相「禮讓」了吧。

後來我詢問老師入學後正式課程的進行方式，一樣是一組五至六人，大家一起分工完成。就是這點讓我必須慎重考慮，不過東京製菓還是我心目中排名前面的學校！

第六間：織田製菓專門學校

織田製菓是我體驗課程的最後一間。這所學校對我來說有地點上的優勢，因為我住在大久保站附近，而中野站離大久保站只需要六分鐘的車程，交通方便度在所有列入考量的製菓學校中排名第一。一走出車站，只要沿鐵路走三分鐘就會到達。

學校占地很大，也有很多專業科系可以選擇，像是服裝設計、和服、料理師、營養師、製菓等等。第一眼見到製菓學校時，我「哇」了一聲，雖然不像在新宿高級大樓裡的專門學校那樣時尚，但是個溫馨的地方。

學校製菓科分為一年制和兩年制，並細分為「洋菓子」、「和菓子」和

「麵包」。和大部分學校不同的是，若選擇「洋菓子」，就完全不會學到任何「和菓子」或「麵包」的課程，這對於只想成為甜點師的我來說是個好的選擇。這裡的實做課比例約占全部課程的五成，但因為每天都有實做課，所以要完全吸收課程內容比較辛苦。

見學當天，我在一樓就受到老師的熱情招待，接著老師帶體驗生上樓參觀。走到三樓，映入眼簾的就是落地窗與甜點桌；寧靜的陽光灑落在專業的甜點桌上，偶有電車緩緩進站，些微的電車聲卻不至於吵雜，看著這樣的景色，我內心忽然冒出一個聲音：我好想在這裡做甜點！

親切的老師、和善的學長姊，還有很像日劇裡才看得到的教室，比起時尚或高級的教室，我更喜歡矮矮的桌椅、長長的黑板，連上課都覺得好像在拍日劇！

織田製菓學校的學費在眾多選項中較低，況且「地點」、「師資」、「教學比例」與「學習方向」都符合我的期望，當下其實已經做好決定。另外這裡還有個優勢是，幾乎沒有外國人。雖然有很多台灣人會讓我更安心，但是我覺得花了這麼多錢學習技術，如果可以逼自己再多加強日文能力，不是更好嗎？就在這樣多層的考慮下，最後我選定織田製菓專門學校作為我未來的學校！

其實，沒有什麼是比較好或不好的學校，也沒有高級或不高級的學校，只要自己喜歡，就是最好的學校。「見學」就和「相親」一樣，無論看了多少照片、多少書面資料，還是要見面過才能真的知道是否適合自己或者要不要繼續交往下去吧！

人生最重要時刻揭曉

決定學校之後，就要開始入學申請了。

一般來說，入學申請都有費用，織田製菓是兩萬日圓（約合台幣六千元）。很多朋友建議多報幾所學校比較安全也比較保險，但六千元台幣對我來說是個不小的數目，於是我抱著只准成功不許失敗的心情只報名一所學校。就一所！現在回想起來，覺得自己真是太有勇氣了，如果沒有申請成功，我就得等下一次的入學時間才能再報名。就這樣，我抱著戒慎恐懼的心情度過我接下來的每一天。

語言學校老師說過，去專門學校面試與考試當天一定要穿著全套西裝。什麼?!我腦中瞬間冒出「福澤諭吉」跟我揮手說掰掰的畫面（福澤諭吉是一萬日圓上的人物）。

我隨意選了一家新宿的西服店，走進去告訴服務人員說我要買面試用的西裝，服務人員二話不說走到後面，拿了一件又黑又素、裙子長到膝蓋下的套裝給我，並比起大拇指說：「這件最好！」

就這樣，我給了她三張「福澤諭吉」，買下我人生的第一套西裝。

面試當天，我紮了個公主頭，打扮得整整齊齊，帶著勇氣，穿著我的「三張福澤諭吉」出門（喂！又提）。就算當天氣溫不到五度，但我實在太緊張了，竟滿身大汗、臉色鐵青的走在路上，就像一個被工作壓到喘不過氣的日本上班族。

一到學校，校長藤原小姐和學務主任來跟我打招呼，原來面試和考試是採一對一的方式。到辦公室設置的考試區域坐下後，老師給我一份考卷，有數學題、作文題及類似基礎知識的填空題。

「人家一般考試都是分科分時間考，中間至少有喘口氣的時間，現在竟然要我一次寫完？」我內心的小宇宙又開始上演媳婦抱怨婆婆那種敢怒不敢言的戲碼。

我看了看考卷，腦子瞬間一片空白。我做個深呼吸，試圖找回我的記憶，就像一個迷路的失智老人一樣。數學題雖然密密麻麻，但大多是一些單位換算、基礎微分、體積與容積的計算，這對於每天要算配方的甜點師來說，確實也是必要的數學能力。還好大學時我有修微積分。我慶幸著！

至於「作文」，題目是「為什麼選擇織田製菓？」。從小到大，我最痛恨寫作文了，我把這種症狀稱為「文章失語症」。我頓時感覺頭上有個巨大的黑洞，從大腦開始把我的靈魂吞噬。對了，這還得用日文寫呢，對我來說簡直是比爬天堂路更加煎熬！

而「基礎知識」題目都是些基礎地理與時事問題，像是日本行政區、都道府縣位置圖，或是現任首相是誰以及國花是什麼之類的，不過對外國人來說其實也不太簡單。

考完試後，接著是更緊張的面試時間，面試官是校長與學務主任。他們先請我自我介紹，然後詢問我在台灣的學歷及就讀科系，還有為什麼要來日本。沒多久，另一位老師隨即把我的考卷改完，放到我面前，雖然錯誤不少，但至少低空飛過及格邊緣。當我正慶幸筆試通過的同時，校長藤原小姐忽然很嚴肅的問我：「你確定要入學嗎？入學後碰到的難題會更多、更複雜，你確定嗎？」

「我想要入學！我想要入學！」我差點激動的站起來！這可是我用盡全力、散盡家產（我自己的財產）最想做的事啊，我當然十二萬分的確定！

校長與學務主任對看一眼後說，兩週後會公布錄取名單。我鞠了一個九十度的躬，滿臉擔憂的離開學校。

等待，是這世界上最煎熬的事。每天處在不安的恐慌中，時而樂觀時而悲觀，這樣的情緒如果持續太久，不是得躁鬱症就是憂鬱症吧？

就在兩個禮拜後，我終於收到學校寄來的信，雖然只不過是兩個禮拜，卻彷彿已經等了三年之久。打開信前，我雙手合十的對信封拜了一下，到底在拜什麼神我也不知道。我心跳加速，呼吸急促，喉嚨哽塞，所有症狀好像在這幾秒內通通發生了。

「是錄取通知！」我開心的叫了出來！這種興奮的心情實在很難用言語

表達，但我也提醒自己，開心一天就好，就像校長說的：「入學後會碰到的難題會更多、更複雜，你確定嗎？」

「我確定！」問我一百次還是會這樣回答。

就這樣，甜點師之路終於又往前邁進一小步。我相信，只要不停下來，一定會到達目的地！

動手做甜點

草莓戚風蛋糕捲

參加東京製菓學校的見學課程時，體驗了蛋糕捲的製作，讓我留下難忘的回憶，只可惜當時因為分組關係，沒有機會能夠獨立完成。

在日本待了一段時間後，我發現日本人似乎特別喜歡吃蛋糕捲，其中又以水果口味最受歡迎。我個人偏好「草莓戚風蛋糕捲」，酸酸甜甜的草莓搭配入口即化的鮮奶油與綿密戚風蛋糕體，真可說是絕配啊！

材料

- 蛋……2顆
- 砂糖……70g
- 水麥芽……12g
- 低筋麵粉……60g
- 蛋白……15g
- 砂糖……5g
- 鮮奶油……100g
- 糖……10g
- 草莓……6～8顆

做法

1. 製作戚風蛋糕體（A盆）。先將蛋、砂糖七十克與水麥芽混和，隔水加熱至三十六度後打發至溼性發泡。過篩低筋麵粉至盆內，攪拌均勻備用。

2. 準備一鋼盆打發蛋白與砂糖五克至挺立，分兩次加入A盆，攪拌均勻後將麵糊倒入二十三乘二十三公分的蛋糕捲模。抹平後，放入烤箱以一百七十度烤十五分鐘。

3. 將鮮奶油與糖十克倒入盆內，然後打發至霜淇淋狀。

4. 從烤箱取出蛋糕，抹上一層做法3的打發鮮奶油，排上一排草莓後整個捲起即完成。可在蛋糕上另用打發鮮奶油與草莓做裝飾。

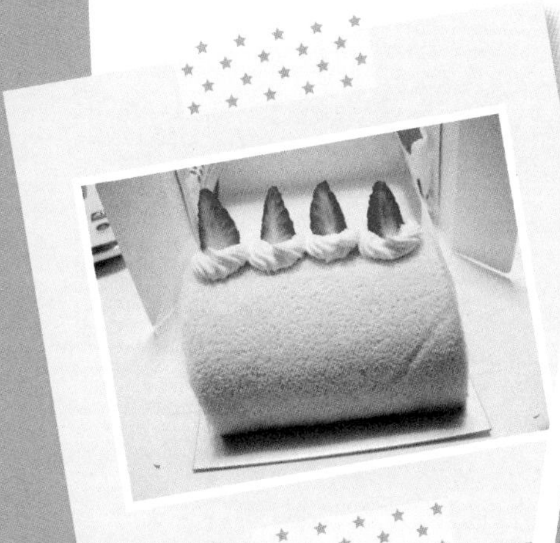

Step 3

從製菓學校開始走進夢想

從踏入別人的國門起，就得隨時提醒自己要堅強，雖然在學校有好多新鮮的人、事、物可以見識，但辛苦的時候其實比快樂的時候多。面對人情冷暖，摔倒了爬起來，每天一睜開眼，都得用盡全力活在一個不屬於自己的城市裡。這裡不是天堂，當然也沒有天使，接下來就算要面對辛酸苦辣，也要笑著接受；自己選擇的路，跪著也要走完。

終於來到了新生訓練的一刻。無論是分班或者丈量制服、發放工具，說明學校的校規、注意事項等凡是在未來有可能會發生的事情，都會在這一天講得清楚明白。

台上老師正專業且快速的向同學們介紹每一條校規與所有的教室規範，那時的我無論看起來多麼認真，其實只聽得懂一半。

入學後就是學校的一份子了，周遭的人不會再把我當外國人看待，老師也會凡事都用同等的標準對待外國人。

直冒冷汗的新生訓練與入學典禮

全校製菓科的學生大約有一百五十人，一年級有三個班，二年級兩班，全校的外國人只有三位台灣人、一位香港人、一位中國人。學校將外國人分別打散到不同班級中。我被分配到一年二班。

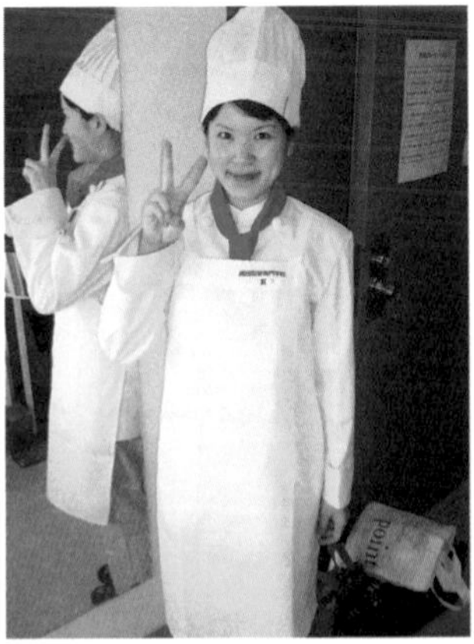

大一號的廚師服象徵
吃胖的恐怖預言！

第一天，我神情慌張、臉色慘白的走進教室。

「咦，大家怎麼都在寫筆記？」「老師在說什麼？」「大家怎麼都往外走了？」新生訓練當天，我心裡就疑問不斷，感受到無能為力、恐懼與無助。

我跟在大家身後前往丈量制服的地方。從廚師服、廚師褲，量到廚師帽，量好了最適合自己的尺寸，正要寫在紀錄表時，老師馬上宣布，一定要買比目前尺寸大一號的！

大家異口同聲的問：「為什麼？」

「因為你們一定會變胖！」老師回答。

這是多麼可怕的預言啊，真是讓人不寒而慄……

入學典禮這天，陽光大到我眼睛睜不開。我踏著輕盈的腳步從中野站南口走出來，沿著鐵道，走在前往入學典禮會場的路上，藍天棉花雲快速的翻滾，彷彿也在為我熱烈歡呼。我為了這一天刻意打扮，穿著黑色蝴蝶結毛衣、淺藍色牛仔短裙、白色娃娃鞋。

來到入學典禮的會場，我望了望身邊的人，全都黑壓壓的一片。我眼神熱切的搜尋著新生訓練時見過的同班同學，但我看到的每個人都穿著全套西裝、綁著馬尾，就是沒看見同班那些打扮時髦的日本妹。這時有人從背後拍拍我的肩膀，是同班的山口同學來跟我打招呼，同時還用驚嚇的眼神看著我。這時我才明白，穿著便服來參加入學典禮的我，簡直是個大蠢蛋！

就這樣，在嚴肅且隆重的開學典禮中，我這個外國人打扮得像是要去喝下午茶的模樣，站在黑壓壓的人群裡閃閃發亮、格格不入。

從踏入別人的國門起，就得隨時提醒自己要堅強，雖然每天有好多新鮮的人、事、物可以見識，但是辛苦的時候確實比快樂的時候多。面對人情冷暖，摔倒了爬起來；每天一睜開眼，都得用盡全力活在一個不屬於自己的城市裡，無論大小事都要靠自己。這裡不是天堂，當然也沒有天使，接下來就算要面對辛酸苦辣，也要笑著接受；自己選擇的路，跪著也要走完。

開學前的準備

日劇裡常會出現那麼一條充滿人情味的商店街。在東京，「合羽橋道具街」就是身為廚師必逛的一條，被大家稱為「廚師的天堂」！它是有著一百年以上歷史的街道，隨著日本餐飲業的發展，慢慢的在此聚集上百家與「食」相關的店鋪。這裡不但匯集著洋食、和食、甜食的各式器材、餐具、包裝，甚至還有幾家販售食材與調味料。除了這些販售的店鋪外，這裡也是傳統手工師傅的聚集地呢！

從入學典禮到正式上課之間有三天休假日，可以用來好好準備上課要使用的物品。雖然學校會發一整組用具，但是因為必須放在學校的置物櫃，所以為了能夠在家練習，要再買一組才行！

如果預算不足，在日本的百元商店其實也可以買到一整套用具，但耐用性當然比不上專業用具了。我一開始為了節約，也去百元商店買上一整套，花不到兩千日圓，但後來我發現在百元商店買的秤，在測量等重的材料時，每次都秤出不同數字，才驚覺真不該為了省一點錢而得不償失。

合羽橋道具街位於淺草地區，可以搭乘 METORO 銀座線，在田原町站下車後約走五分鐘可到達。路口處左邊大樓樓頂有巨大廚師人頭像，右邊大樓陽台則是彩色咖啡杯造型，這是最經典的地標。整條街大約八百公尺，有一百七十間左右的店家。

漫步在道具街中，驚喜連連。在這裡我能強烈感受到日本的職人精神，做工細膩又耐用的器具琳瑯滿目，開店必備的家具、用品，還有很吸睛、幾可亂真的食物樣品店，應有盡有！

道具街的營業時間是早上九點到下午五點。因為想好好選購，我一大早

巨大廚師頭像是
道具街地標

就出發前往！以基礎用具來說，刮刀、刮板、打蛋器、篩網、電子秤、量匙、鋼盆、抹刀、轉盤、烤模，是必備的物品。而刮板、量匙其實可以在百元商店解決，因為價錢高低差別並不大。但是其他用具最好還是買品質較好的，不但耐用，使用上的便利度、成品的美觀度與品質的好壞都會有些微的影響。

每個人逛道具街都有自己的方法，去之前先做足功課，只要購買的器具很明確，就可以慢慢的一間一間比較。在道具街的店家已經有很多都有網路購物的機制，照片、價錢、說明都一清二楚，可先算好大約的購物預算，再到現場看實品購物，這樣更有效率。

我個人逛道具街的方式是把所有店家都逛完一輪，再快速的重新走一趟，然後把所有要買的東西一次買完。除了可以比較價錢之外，也可以給自己一些冷靜思考的時間，因為我知道，「不論幾歲，每個女人的心中，都住著一個購物狂！」

道具街近年來愈來愈有名氣，外國人也陸續會來這裡朝聖，有幾個店家的日本老闆甚至會用幾句簡單的中文跟客人打招呼與講價錢，讓人感受到他們的誠意與熱情。此外，我也發現很有趣的一點，許多店家的老闆都喜歡誇獎外國人：「你的日文真好！」但這句話似乎就跟到菜市場總被叫成帥哥美女一樣普遍。有時候只不過說了一句日文「阿里嘎斗」，店員就會來個驚訝表情說：「你怎麼這麼厲害！」「日文好流利喔！」這類誇獎雖然一聽就知道是假話，難免還是讓人有一陣快感啊！因此，每當在日本碰到語言方面的困境，我都會去找老闆們說說話找回自信，這也許是我很愛到道具街晃晃的其中一個原因吧！

無法習慣的學校規定

終於到了開學第一天，看著離學校愈來愈近，是期待，也是不安。

想起小學一年級開學當天，我在家門口緊握爺爺的手，緊張到一句話也說不出口。國小老師為了舒緩小朋友們的緊張情緒，還裝扮成可愛的小天使來迎接我們。

我邊走邊想說，該不會等一下校長就會穿著仙女裝在門口跟我們打招呼吧！當然，現實總是事與願違，老師們收起見學時露出的陽光笑容，取而代之的是一臉嚴肅，彷彿感受到「威——武——」的氣息。

學校嚴格要求每位在校生的禮儀，必須在每天一到校先前往辦公室，在門口向所有老師們請安，並且鞠躬行禮。對於身為台灣人的我，怎麼樣都覺得彆扭而無法習慣。日本人真的是全世界最愛鞠躬的一個國家，即使眼睛看的地方不對，就算是鞠了最高敬意九十度的躬，也是失禮的！

我就常被老師說是一隻鴨子，因為不論我鞠多深的躬，視線都還是看向正前方……

第二件讓我錯愕的是，學校嚴格要求每一位同學的髮色得是正黑色。對於這輩子沒染過髮的我來說，剛開始很無感，還安穩的坐在位子上等老師檢查。誰知道上天竟然還要磨練我，因為我沒有通過髮色的檢查。

我馬上告訴老師，我沒有染過頭髮，但不知道為什麼，老師完全無法接受。我的純天然髮色頭一次使我陷入了苦難。我為自己找了十足的不染髮理由，想再一次挑戰看看日本老師的權威。

「劉同學，你為什麼沒有把頭髮染黑？我不是跟你說過了！」班導嚴肅的從遠方衝過來對著我說。

「老……老師，我真的沒染過頭髮，這是天然的髮色。」我邊說邊帶著害怕的神情。

「你明天如果再這樣來，就不准進教室上課！」班導回話。

「好……我知道了……」最終我還是屈服於老師的權威下。

日本人對於「遵守規定」這件事，有著非常神奇的堅持。雖然我也認為遵守規定是維持學校安定的好方法，但是過度反應，有時候真讓人覺得壓迫與焦躁。

就這樣，我在回家的路上買了生平第一罐染髮劑，而且還是把頭髮染黑……

隔天，我發現額頭的一側也一起被染成醬油的顏色，怎麼洗也洗不掉……我帶著印堂發黑的額頭走進教室，班導總算露出許久不見的笑容對我說：「嗯……很好！」

就這樣，我終於可以安心的進教室上課了。

很多人說，日本教育是世界上最嚴格的。我舉雙手贊成！

「上課只要遲到十分鐘以上就算曠課，不可以進教室。」「服裝儀容不整，算曠課，也不可以進教室上課。」我常常看到一些同學遲到個幾秒，就被關在教室冰冷的不鏽鋼門外，那種情境可不是上帝關起一扇門就會開啟另外一扇窗的勵志故事，而是《惡靈古堡》和《屍速列車》才能匹敵的可怕。所以每當快要遲到的時候，我的臉部表情就會像活屍片的主角一樣，狂奔逃命般的衝向學校。

除了規定嚴格外，還有不少奇異的事。教室發放所有上課會使用到的物品，要求每一個人用麥克筆把名字寫在上面避免拿錯，真是個聰明的點子。但……鞋子要寫在哪裡啊？我疑惑的問了老師，老師毫不猶豫指著鞋面說：

「寫在這！」

「什麼?!」我睜大眼睛看著老師。

要不是老師的表情嚴肅，不然我真的以為他在跟我開玩笑。就這樣，我穿著正面寫著有我大名的黑皮鞋，還穿著比自己身材大一號的廚師服，帶著發胖的期許（喂！），開始了在學校的生活。

學校用的一整套用具都收在
箱子裡，很方便。

姓名寫在鞋子正面
是哪招？

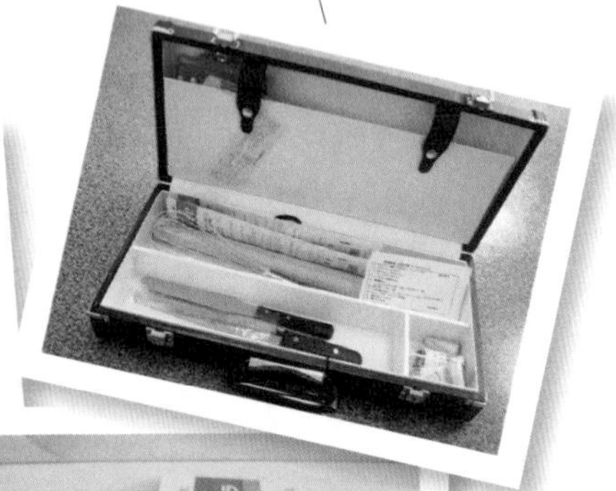

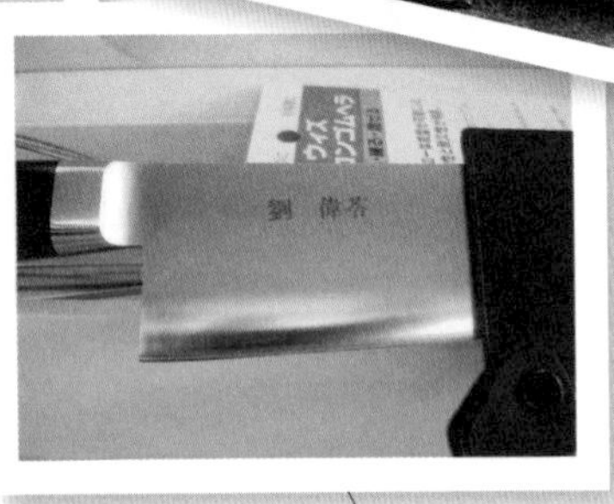

還都標上姓名

與日本同學相處的方法

我想大部分台灣人對日本有很多好印象，日本人禮貌、友善，不管女生、男生總是白白淨淨，衣著有品味，百貨公司的女店員甜美可愛，男店員帥氣幽默，讓人無法不喜歡上日本這個民族。

好的，深呼吸了沒？我現在要來告訴你真正的日本生活感受了。

並不是說我看見了什麼大和民族的黑暗面，而是我深深體會到，在日本的外國人需要花多大的精神和勇氣才能真正融入日本社會。不要說社會，就連融入一個班級都沒這麼簡單。

我以前念大學的時候擔任過好幾學期的班級公關，凡是聯誼或課外活動，我都是帶頭炒熱氣氛的那個人。我自認與別人相處是我的強項，當然也因為這樣的個性交到不少朋友。但我發現，在日本並非這麼簡單就可以交到真正的朋友。

我相信很多人到日本念書時都會說：「我不想和同國人相處在一起，不然到日本就沒意義了。」跟我同校的外國人也都抱持一樣的想法，期望在都是日本人的環境下可以更深入日本文化，也可以多練習日文。但是在學校，我看過好多外國人努力想親近日本同學，雖然日本同學基於禮貌一開始會親切回應，但時間久了，也許是與外國人溝通困難或是文化差異的關係，漸漸的，某些不會察言觀色的外國人就會慢慢被忽略，孤獨的走在一大群日本人身後，最後一個人吃飯，一個人無助。

我想文化差異是造成這種現象的最大主因，畢竟任何一個國家都有讓人喜歡的地方和讓人不適應的地方。外國人往往到最後累了、習慣了、漸漸無所謂了，並開始對日本人的冷漠感到心寒。

我一開始也曾試圖與日本同學拉近距離，但我發現，除了語言的隔閡之外，還有一層無形的薄膜，那就是「禮貌」這個東西。你永遠不會知道一個對你面帶微笑的日本人心裡真正在想什麼，還有在他們禮貌周到的話語中，到底有多少弦外之音。雖然我覺得禮貌是日本人的優點，但是在日本待得愈久，愈發現那其實也是人與人之間最深的鴻溝。

不給別人添麻煩、體諒他人，這是日本人從小接受到的教育準則，所以不要說他們虛偽，我覺得他們只是講求和平也不喜歡衝突，所以一不小心就口是心非！因此，當日本人都奉行這樣高尚的行儀時，想當然他們也會希望外國人這麼做。

比較幸運的一點是，在我們班上的日本同學也許還未受到社會化的洗禮，臉上還散發出稚氣。這些同學對外國人幾乎都很友善，但私下還是不會與我們聯絡。

我常常觀察日本同學之間的相處。他們禮貌、守規矩且互助合作。在我眼中還是像孩子般的他們，每個人都像受了極良好的教育，也因為互相尊重禮讓，基本上班上永遠可以維持良好氣氛。

一早與同學見面要說「早安」；穿過別人前面要說「不好意思」；按開

午餐時間的教室

製菓一年二班的
部分女生合照

了快關上的電梯門要說「對不起」；請同學幫忙要說「麻煩你了」；進入辦公室要說「失禮了」；下課前要對老師說「謝謝」、要對同學說「辛苦了」。不管是真心還是從小培養出的習慣，這種對禮貌要求的精神，不得不讓我對他們豎起大拇指。

而我也在耳濡目染之下，漸漸的把「謝謝」、「不好意思」、「麻煩你了」「辛苦了」這些日本人的慣用句當口頭禪，變得和日本人一樣愛鞠躬。就在我將自己的個性也包裝成一個日本人之後，我發現身邊的日本人竟然開始主動靠近我……

當然很多人還是會說，在日本總是無法交到日本的好朋友，但我想說的是，也許不是日本人不和你當好朋友，也許是日本人對朋友的定義和我們不太一樣。在台灣，我們可能可以認識一天就變成朋友，但日本人所謂的朋友，是需要多年的交情才能到達好友的程度。

日本人喜歡團結一致，但另一方面，人與人之間又保持著一定的距離。

在人口密度這麼高的都市裡，能夠培養出這樣的性情，真是很奇特的能力。

有人說日本人像貓。貓安靜、優雅、喜歡獨處，如果你突然衝過去抱牠，牠一定會拚命想逃離，但如果你能有耐心的默默讓牠先熟悉你的存在與氣味，總有一天，牠必定會主動走向你。

動手做甜點

法式馬林糖

馬林糖是所有甜點中最單純也最簡單的甜品，材料只需要使用蛋白與砂糖即可。咬下一口就能感受到輕盈酥脆，入口即化。很多人說它是馬卡龍的前身，我倒覺得它像是馬卡龍的寶寶，是個單純潔淨、像白紙般的甜品。

它也像是剛入製菓學校的我，一開始只是個簡單的馬林糖麵糊，但只要給我知識、讓我學習，不久之後，我就會像是再添加杏仁粉下去混和的馬卡龍麵糊，可以成為高價值的甜點。

材料

- 蛋白……100g
- 砂糖……250g
- 水……100g

做法

1. 將砂糖與水混和後加熱至一一八度，使用電動打蛋器（低速）邊攪拌，邊將糖水倒入已打發至溼性發泡的蛋白中，慢速攪拌均勻後，將電動打蛋器開至高速，將整體打至涼即可（約至室溫即可）。
2. 將蛋白霜放入套上玫瑰花花嘴的擠花袋，手筆直擠出一個O的形狀即完成。放入烤箱以一百度烤兩小時即完成。

Step 4

製菓學校大小事

在製菓學校，雖然一年可以學到上百種甜點，但頂多只是啟蒙，並不是拿著甜點學校的畢業證書就代表成為一個甜點師了。

真正的甜點師傅，就像是專業的珠寶設計師一樣，會把一顆顆裸石挖掘出來，檢視它、判斷它、設計它，讓它變成美麗閃耀的鑽石。學校教了再多，最重要的還是自己。

學校安排的第一堂課，給我們一個大驚喜。

這堂特別的課程主題是「拉糖」，學校請來日本首屈一指的甜點大師——鎧塚俊彥（Toshi Yoroizuka）親自授課指導。當大師走進教室時，我聽見全場都起了騷動！

靦腆的笑容，成熟型男的外表，大師一站到台上與大家打招呼，台下的女同學們無不發出尖叫聲，顯然日本傳統美德的內斂與矜持，都在看到鎧塚大師後瓦解。

甜點大師親自授課

喜愛甜點的人或許都對他不陌生。鎧塚俊彥在二十三歲開始接觸甜點，三十歲在瑞士、奧地利、巴黎、比利時等地磨練技術，三十三歲就成為比利時米其林三星餐廳「Bruneau」的甜點主廚。

鎧塚大師專注工作的姿態與
他的完美拉糖藝術品。

「拉糖」技術通常使用在盤飾或較大型蛋糕的裝飾，近年來也列入各類蛋糕技藝競賽項目之一，很多甜點師都以拉糖來表現自己的專業程度。而這堂由甜點大師親授的「拉糖」技藝，對當時的我來說還有點陌生。我竟然第一句話是問了旁邊的助教說：「請問這可以吃嗎？」

鎧塚大師先簡單介紹拉糖的材料是細砂糖或珍珠糖，還有大致做法。將細砂糖煮到攝氏一百六十度、珍珠糖煮到攝氏一百八十度，是最適當的造型溫度；溫度到達後，再加入酒石酸或食用色素揉成糖塊。拉糖通常會強調物體的透明感，所以很適合做類似琉璃效果的裝飾。

從煮糖開始，鎧塚大師仔細解說每個步驟，也告訴我們他在國外磨練時的故事。拉糖使用的工具都非常高價，最貴的叫做「拉糖燈」。在我們還不知道那是什麼東西

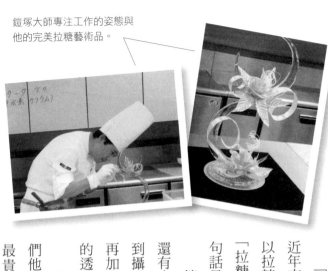

時，大師就將自己打造拉糖燈的方法告訴我們。雖然他講得太過專業讓我聽得霧煞煞，但他在言語間不時流露出對我們的擔心與期許。也許唯有走過這條路的過來人，才能知道我們未來將遭遇些什麼吧！

鎧塚大師的言談看似輕鬆愉快，但我想這些事情並非真的那麼簡單容易，而是因為長期專注做好這件事所累積出來的功力，才能讓他看起來毫不費力。他也在課程中不斷鼓勵大家，無論是學習拉糖工藝或烘焙，沒有人能一次就成功，雖然失敗很難受，但只要不斷練習，不怕嘗試，就能一步步走向成功。

這讓我聯想到，我們或許只看到成功者威風的站在高塔上，卻不知道他為了爬上高塔受過多少磨難。樂團五月天有句名言就是：「成功是失敗的累積。」誰能和失敗相處得愈好，誰就愈可能成功。這句話算是呼應了鎧塚大師對我們的叮嚀。

這次的特別授業課程並不是要教導我們做出多了不起的大師級拉糖，真正的重點是在告訴我們，甜點師這條路充滿挫折和體力耗損，又辛苦又孤獨，但只要我們肯努力，也有機會登上耀眼的人生舞台。

辦不停的運動會及校外教學

在台灣，進入一所學校通常至少三個月才會舉辦團體出遊或校外教學活動。但，日本人可不是這麼想！

製菓學校開學後第三天，學校就辦了兩天一夜的校外教學。我才剛認識同學兩天耶！還這麼不熟就要和大家一起出遊，害我不免有些擔心。

日本人相當重視學校的「紀律」與「團體活動」，認為唯有團體合作建構「學習共同體」，才能創造出更大的效益與成就。

第一次的校外教學，我們前往山梨縣的「桔梗屋信玄餅工場」以及群馬縣的法式烤餅「Gateau Festa Harada」本店。這兩家都是很有歷史的日本傳統點心名店。我們參觀了生產線，每一個部門、每一個步驟、每一個動作都是分工合作完成的，完全呼應這次校外教學的最大目的——團隊合作。

之後幾個月，學校又陸續安排了「日清製粉工廠」、「DOVER杜瓦工廠」、「東京瓦斯環境能源館」的校外教學。每一個見學的地方都有著學校對我們的期許：光是會做甜點還不夠，必須全方位理解細節，對甜點師來說才是最重要的修行。

除了校外教學活動多，製菓學校的運動會也讓從小不愛運動的我，感受到前所未有的團隊震撼。

小時候，我永遠是起跑姿勢超專業，但都跑最後一個，所以老師為了班級的名次，通常不會要我參加競賽活動。每當學校舉辦運動會時，我總是安穩的坐在休息區看大家比賽。

但在日本可不准我們這樣！老師要求每一位同學一定要參加團體競賽，不管運動細胞好不好、是否會害團隊輸掉比賽，全體都得為全班榮譽一起努

戶外全校運動會

為了運動會製作的班服，
背後是全班同學的名字。

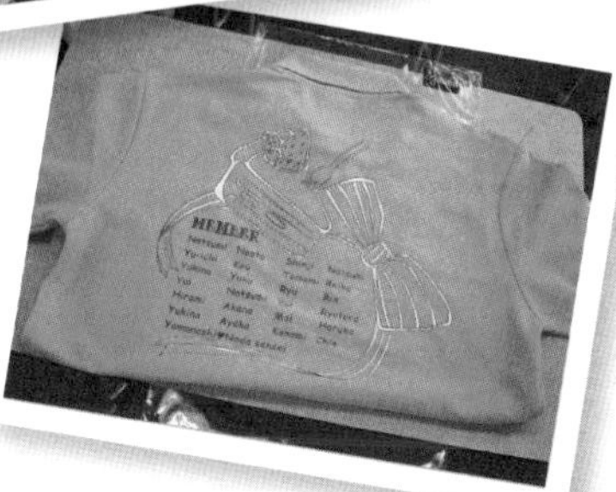

室內運動大會

力。這也是我第一次深刻感受到大家齊心一致想要獲得榮耀的過程。整個班級團隊就像一個「家」，而在這些運動會之後，同學們彼此的心確實也更加接近。

原來不是聽得懂就好

從開學第一天，經過老師的提醒，每位同學都得自備筆記本來記錄上課內容。筆記必須詳細記載配方和製作方法，還有上課的成品照。和某些甜點學校不一樣的是，我們學校不會發配方紙和做法給學生，每一堂課的配方只會寫在白板上（而且是寫法文），不會有任何做法說明，順序步驟都只能經由老師口頭敘述來記錄學習。

這……對我這個外國人來說，根本是在考日文聽力嘛！

孤身深入虎穴的我，也只能繼續演出一場以寡敵眾的英雄戲碼了。不論

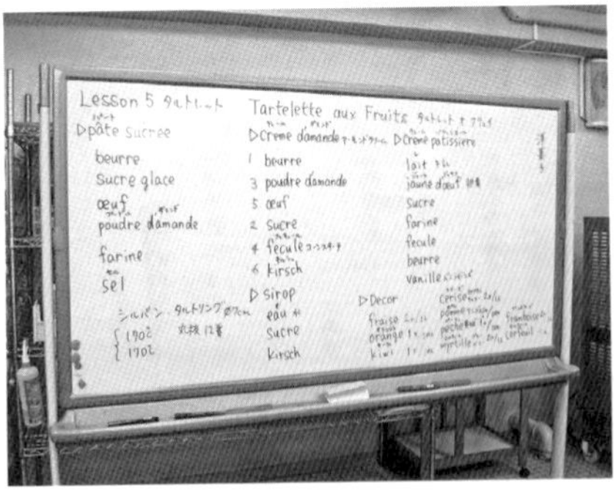

白板上只有材料配方，而且是寫法文！

是專有名詞、老師的特殊口音及腔調、講太快、講太小聲，任何一種狀況就足以讓我呆坐在椅子上驚嚇到說不出話。

我身在國外，難免會怕拖累整班日本同學的進度，所以比較不會刻意放慢學習速度，畢竟外國人在班上比例少得可憐，所以我大約長達一個月都處於這種難以穿透的濃霧之中。

不過天無絕人之路，開學後不久，我已經能跟上進度，也聽得懂老師在說什麼，但還是沒辦法像日本人一樣隨筆寫出日文筆記。於是我自創了一個好方法，那就是……不管怎樣，先寫中文吧！

上課時，老師的講解加上動作基本上已能讓我理解八成做法，寫中文筆記對我來說也非難事。寫成中文後，回家再做整理和回想，並將它翻譯成日文寫在筆記本裡。這樣做的好處是，如果有某些不理解或來不及在

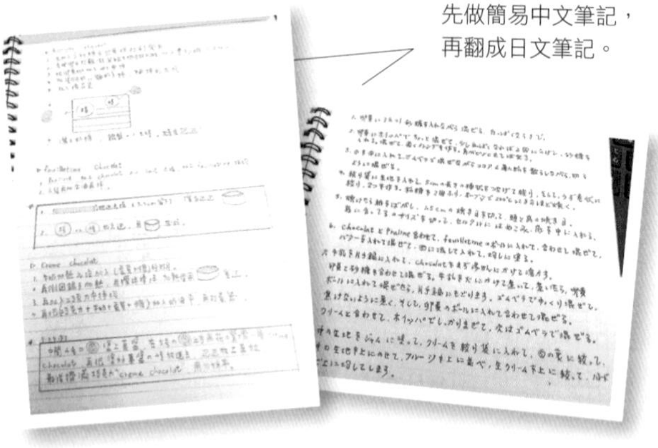

先做簡易中文筆記，再翻成日文筆記。

課堂上發問的問題，可以藉由回家整理全面複習；想發問的問題也可以先上網查資料，真正無法理解的就整理出來請教老師。這樣不但不會拖累班級進度，也可以完全理解與學習，是個一舉兩得的方法。

除了文字記錄，最好可以搭配圖畫一起呈現。剛開始因為都是簡單基礎的蛋糕課，所以沒有這麼深的感觸，但愈上到後面，愈發現難度高的甜點做法非常繁複難記，常常上完課回到家，就只剩下片段記憶……

筆記這種東西，每個人都有自己的一套方法與哲學。我參考了很多同學的做法，大部分同學都是用畫圖法來記錄過程，當然因為每個人的藝術天分不同，有的同學可以畫出可愛的筆記，當然也有的畫得像死亡筆記本一樣驚悚。

示範課：草莓鮮奶油蛋糕

草莓鮮奶油蛋糕是日本人發明的甜點，在日本稱為「ショートケーキ」（Shortcake）。

大家知道日本每個月的二十二日是「草莓蛋糕日」嗎？那是因為日文的「二」和「五」的發音連起來剛好跟草莓的日文發音一樣，而每個月月曆的二十二日上面一定是十五日，所以二十二日就像一塊蛋糕上面放了草莓（十五）一樣。日本人是不是很有創意？

在日本，隨意走進一家蛋糕店，幾乎都會有這款簡單卻學問大的蛋糕。日本人對草莓蛋糕有一種難以解釋的情感，有人說是因為草莓蛋糕上的紅與白象徵日本國旗的顏色，且紅白的配色也象徵「值得慶賀」的意思。這在生日與聖誕節也是必備甜點，甚至他們會很負面的形容一個超過二十五歲沒嫁出去的女生是「草莓蛋糕」！（因為十二月二十五日過後的聖誕蛋糕乏人問津……）

我們的第一堂正式課程果然就安排了「草莓鮮奶油蛋糕」的示範課。學校邀請了實力派講師鷺內宣成老師來上這堂課。鷺內老師在埼玉縣加須市擁有一家自己的法式甜點店VOSGES，在埼玉的名氣數一數二。老師的名言是：有生命的甜點是誠心誠意的結晶。他每天都用這樣的想法做他最愛的甜點，所以做出來的甜點都有一股讓人吃了會感到幸福的魔力。

這次示範的蛋糕屬於比較複雜的款式，每種材料的作用和特性以及步驟，他都仔細的說明給我們聽。老師還強調抹蛋糕是一個鮮奶油蛋糕成敗的關鍵。雖然很多人說：「外表不重要，好吃就好！」但日本人認為內外兼具才是王道。

鮮奶油蛋糕抹面是一項甜點師必須熟練的技能，看老師嫻熟的拿著抹刀，似乎毫不費力就完成了一顆完美無缺的雪白色鮮奶油蛋糕，每一個步驟都彷若面對藝術品似的精雕細琢。眼睛閃閃發亮的我還沉溺於其中，蛋糕就已經完整裝飾好在我們眼前了！

上完課後，我們每個人都獲得一塊切片蛋糕，在做甜點後最開心的莫過於享用它了。溼潤精緻的海綿蛋糕搭配入口即化的輕盈鮮奶油，中層與上層裝飾當季酸甜美味的草莓，絕妙的搭配難怪百年不衰啊！

吃完一整塊蛋糕後，隨即回想起老師在新生訓練時說的話：「你們一定會變胖……」那淒然的預言聲也不斷迴盪在內心深處……

意外的名次

專業的甜點工作檯、專業的用具、專業的廚師服和廚師帽、專業的老師，這些看似夢幻日劇般的場景，有時卻讓人心理壓力大到快窒息。平常的實習課程因為是分組共做一個蛋糕，不見得能實際操作到每一個步驟。在組內太過客氣或氣勢較弱，就很容易淪為洗碗工。

學校在開學前說過，必須讓大家都可以輪流練習到製作甜點，也特別告誡我們對外國人要懂得禮讓，但沒想到日本同學比我們的氣勢更強！

與我同組的日本同學中，有一位家裡開蛋糕店，他似乎是要傳承家業，因此充滿職人性格，對我們這組的蛋糕都要求完美。也因為他的堅持，所以很多步驟他想自己完成，其他人為了不破壞蛋糕的美感，大部分工作都會交給他，所以往往上完課，我都覺得沒有真的練習到什麼，抹面技術還是爛到不行！這也是唯一讓我覺得有些不平的地方。

有一次實習課沒安排老師，照往例讓我們複習課程，這次複習的就是鮮奶油蛋糕抹面與擠花。我總算有機會抹個自己的蛋糕了！我憑著印象加上偷看對面同學的手勢，將抹刀刀尖對準蛋糕中心，保持十五度，右手不動，左手轉轉檯，將奶油抹平在蛋糕上。

「筆記上是這樣寫的啊！但為什麼凹凹凸凸的？」我內心怒吼著。

看著蛋糕店兒子站在我對面輕鬆抹著，臉上還散發出一種在輕井澤度假

歪七扭八的成品

的優閒感，這讓我更急更慌，為什麼總是抹不好呢？

在抹面快兩個小時後，我的情緒近乎崩潰。當老師對全班宣布「練習時間已結束」的時候，我仍然不死心的一直抹下去。老師衝過來對我說：「好了好了，今天做到這邊就好。」我想，老師應該是看到我當時脹紅著臉、紅了眼眶吧……

經歷了這一天，我的自信心掉入鮮奶油的漩渦中。就在此時，學校公布了考試的消息。

在學校稱為「學習到達度確認考試」的第一場，就是要考「海綿蛋糕」！雖然在家已經練習了不知多少次，但學校要求我們不可以使用機器打發蛋糕，這對平常都用電動打蛋器的我來說，是個極大的考驗。

手打全蛋才打一分鐘，我的手已經快抽筋了。當時只能把從小到大不喜歡的人一一細數，想藉由仇恨的力量來打發這一小盆蛋液。對不起，雖然我應該用愛的力量來打發，但當時像在戰爭般的考場，粉紅色愛心泡泡或玫瑰

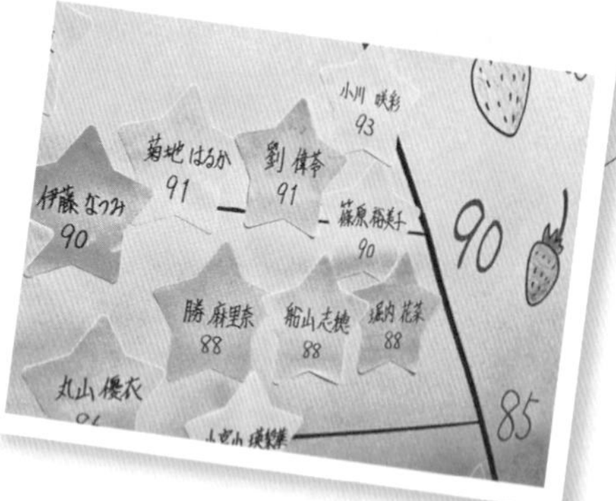

全校評比，80分以上才會被排進排行榜。

花噴發的場景好像都派不上用場，畢竟考場如戰場嘛！

終於，我戰戰兢兢的把麵糊入模，放進烤箱。就在出爐之後，看見我做的海綿蛋糕膨脹到高過模子，心情也放鬆了一半。將蛋糕脫模後，拿到前面給專任教師田村老師評分。我一放在桌上，田村老師忽然驚訝的看了蛋糕，再看了我一眼，再看了蛋糕，就這樣來來回回兩次，雖然不知道結果怎樣，但似乎還不算壞。

終於到了公布成績的那一天，我這次考試取得了全班第二名、全校第六名。以分數來看，我們班級的分數平均七十三分，全校平均七十六分，而我是九十一分。

這一場看似微不足道的比賽，對我來說卻是十分驚心動魄。看著貼在牆上大大的比賽成績，我的名字旁邊圍繞著滿滿的日文名字，忍不住點點滴滴湧上了心頭。

接下來的分蛋蛋糕考試、夏洛蒂手指餅乾考試、塔類與泡芙類等等考試也都順利過關。但我提醒自己一分鐘也不能鬆懈，未來的路還長得很呢！

見識到新奇的甜點

一般的製菓學校有分一年制與兩年制，基本上在一年級時就會學到所有甜點類品項的基礎。此外，在課堂上還可以學習到很多新奇且完全沒有吃過的甜點。

其中有一堂課讓我印象很深，主題是製作「安茹白乳酪蛋糕」（Cremet d'Anjou）。它源自法國的安茹地區，以白乳酪、鮮奶油、蛋白霜等製作而成。這堂課是由望月老師負責。

製作上整體來說非常簡單，將鮮奶油打發後加入白乳酪，最後拌入蛋白霜。混和完成後，望月老師請大家把和好的麵糊分成一份一份棒球狀大小放在紗布上，之後再把覆盆莓塞入做餡料，再將紗布整個包起來，放入冰箱冷藏定型後，去除紗布就完成了！

「蛤？就這樣？」我想大家都有同樣的感覺吧……

看似不起眼像一團冰淇淋的安茹白乳酪蛋糕，吃起來有點像在吃空氣般入口即化、輕柔綿密，難怪它也被稱為「天使的奶油」呢！

另一款「熱內亞蛋糕」（Pain de G ê nes）也是一樣讓人猜不透！光聽這名字就覺得好像是來自什麼熱帶國家的甜點。老師示範的時候，同學們都竊竊私語的說：「今天的蛋糕好普通……」老師依舊很有自信的為我們介紹。

熱內亞蛋糕是法國的家庭餐桌上經常會出現的家常甜點，最特別的一點是它裡面加入了「杏仁糕」。普通杏仁糕都是用來製作杏仁糖偶或裝飾蛋糕用，要當做材料加入麵糊裡，我還真的是第一次見到。

製作完成後，從外表實在看不出任何讓人驚豔的地方，但吃上一口，真

安茹白乳酪蛋糕

熱內亞蛋糕

的馬上要跟老師下跪了！大家都被那單純又飽滿的杏仁香氣給震懾住，也許是因為使用了杏仁糕，讓蛋糕的口感鬆綿、輕盈溼潤，根本就一口接著一口無法停止啊！

從進入製菓學校起，我就認為像餅乾這麼簡單的東西不可能會被當成課程，但沒想到在學期中，就出現了一堂餅乾課。

鈴木徹老師是我第一堂餅乾課的老師，卻也是讓我記憶很深的一位老師。鈴木徹老師目前在東京世田谷區擁有一家甜點店「PIERRE」，他從十五歲就開始從事烘焙業，十七歲時前往法國一間老甜點店修習三年，未滿二十歲就參加法國與日本的甜點比賽，獲得大大小小不同的獎項。目前他的甜點店不但非常有名氣，在日本樂天購物的甜點排行榜也居高不下。這樣技藝高超的主廚，竟然是教我們餅乾課程！

課程一開始，他混和了幾種簡單的餅乾材料，把餅乾糊鋪滿烤盤後放入烤箱。烤了大約十幾分鐘，他就在大家的面前徒手從炙熱的烤箱裡拉出烤盤，並取出裡面一片片餅乾，開始做起餅乾玫瑰花！

「老師！不燙嗎？」大家齊聲叫著。

「不會燙呀，手已經習慣了……」鈴木老師說。

鈴木老師讓大家輪流去摸摸看餅乾的熱度，每個人都被燙得哇哇叫。天啊，難道這也是甜點師傅必備的技藝嗎？實在讓我流了不少冷汗。

要做餅乾玫瑰花必須在餅乾非常燙的時候製作，因為那時餅乾是軟的，很好塑型，冷卻後會變得脆硬。老師對著我們還細皮嫩肉的手說：「帶個手套吧！」

這個餅乾的配方很特別，只用了蛋白、無鹽奶油、砂糖以及低筋麵粉，跟一般的餅乾比起來，口感比較脆硬。看似單調口味的餅乾，口味卻非常濃郁！

在學校，光一年就可以學到上百種甜點，很多人可能會有一個錯覺是，

餅乾玫瑰花

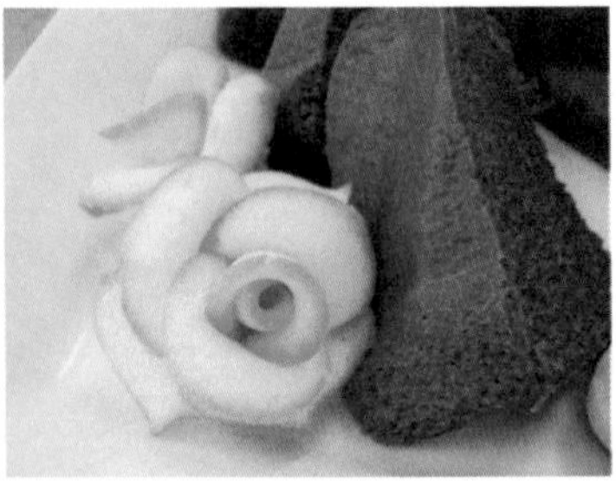

這麼多種蛋糕都能學會，是否已經可以獨當一面了？但現實是，如果去甜點的一級戰區東京看看，就會知道那些在學校學會的甜點可能只是啟蒙。真正的甜點師就像是專業的珠寶設計師一樣，會把一顆顆裸石挖掘出來，檢視它、判斷它、設計它，讓它變成美麗閃耀的鑽石。

法國有句俚語「ce n'est pas de la tarte」，中文直譯的意思是「這不是派」，但實際上的涵義是「這並不容易」。想想，這條路真的不太好走，並不是說拿著甜點學校的畢業證書就代表已經成為甜點師了。學校教了再多，最重要的還是自己。努力不懈絕對是不二法門。

讓人敬佩的職人精神

知道什麼是夢想實現嗎？對我來說，除了「成為甜點師」之外，如果可以在自己的專業領域比賽，獲得職人們與專家的認可，那不僅是榮譽，更是一種自我夢想的實現。

日本東京蛋糕博覽會（Japan cake show Tokyo）就是每年提供給烘焙職人們實現夢想的場所，每年十月左右舉辦。參賽作品是出自日本各縣市的洋菓子協會經過比賽後推派到東京參賽的冠軍選手做的。水準高超的作品多達兩千六百件左右！

在學校帶領下，全校都參加了這個盛會。會場裡人山人海，有趣的是，三分之二看起來像是學生來參觀，相信這裡一定是各大製菓學校最重要的一場校外教學活動。我們都被要求穿著全套西裝，代表對這場盛會的重視。

到這邊最重要的任務，就是要觀摩各種項目的蛋糕技藝。比賽項目有：巧克力工藝、小型拉糖工藝、糖花藝術工藝、杏仁膏裝飾蛋糕、慕斯蛋糕、小西點與巧克力、日本米粉蛋糕。

會場分為好幾層樓，每一層樓展出二至三款大項目的比賽作品。讓我印象最深的是慕斯蛋糕比賽區。一字排開的冷藏蛋糕櫃陣仗，上百件作品雖然聞不到也吃不到，但隔著玻璃還是能感受到各個職人做出的蛋糕魅力。

所謂的「職人」，是指擁有精湛技藝的師傅，以前都是指傳統手工藝師傅，而現在泛指有著高超先進技術的人。職人把一生都貢獻在所從事的職事上，從一而終，絕不變心。雖然在台灣，職人的地位似乎沒有這麼高，但在日本，「職人」可是個令人聽了會肅然起敬的稱謂。

會場中還有一層樓聚集著滿滿的烘焙點心製造業者與材料商，他們會在現場擺放攤位做介紹或販售用具，將最新的技術傳達給每一位職人。藉由這樣的博覽會，職人與職人之間也可以交換最新的市場訊息。

當時的我在日本可是第一次接觸這樣的展覽，就像是劉姥姥進大觀園一樣，對於一切都很好奇，感受也非常強烈與震撼。但我也一直告訴自己，總有一天，我希望不再只是個觀眾，我也想站在這個國際級的舞台上，努力把自己發揮到極致。

不定期甜點巡禮

相信很多人就算沒有住在東京，都喜歡利用假期到日本進行一場甜點巡禮。其實我好喜歡叫做「巡禮」的動詞，就像是要進入一個神聖的宮殿。

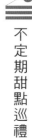

在製菓學校有一堂很特別的課，不需要坐在教室，也不需要站在廚房裡奮鬥，只要像個貴婦一樣去找一家甜點店吃個下午茶就可以了，那就是「Marketing 甜點店營銷課程」。課程內容就是找到自己喜歡的甜點店，去觀察店內任何人事物以及商品，把它記錄下來，並做出評估，就可以完成這堂課的學分。這麼高雅的甜點朝聖課程哪裡找啊？

當時第一堂課，我與同學一起到了很多人都知道的名店「HARBS」。雖然單價比一般甜點店高一些，但是份量也比別家大了不少。這家店以水果千層蛋糕最出名，每一層的濃郁奶香與香甜水果香氣，再伴隨著軟滑的千層派皮，每一口都是好滋味。我常常會忘了自己的課程使命，不小心就享受在這種幸福的氛圍中。等我回過神來才拿起包包裡的評分表和筆，開始觀察起店裡的所有人事物。

我邊寫著評分表邊看著現場狀況，彷彿自己是個「稽核人員神秘客」一樣。蛋糕一上桌，要先畫出蛋糕的整體和剖面圖。當一個甜點師，不但要會做美味的甜點，要會觀察店鋪營運狀態，甚至還要會畫圖……。畫完圖之後還要做蛋糕的報告，將蛋糕的內容、口味、口感全部寫進報告中，甚至細微到吃完蛋糕、享受完店內服務後，對店家整體的評價和看法都得寫進去！雖然我很喜愛這一堂「貴婦下午茶課程」，但看似輕鬆的背後，其實也有很多辛苦的地方呢！

在日本開銷吃緊，吃一片好一點的蛋糕就要花掉我打工一小時的薪水。雖然當時新宿車站商店街也有賣一片一百零五日圓的蛋糕，卻令人難以下嚥！是否沒想到在甜點戰場內也有地雷？其實我認為，正是因為周邊厲害的

我喜愛的甜點店
la petite mercerie

甜點店太多、競爭太激烈，比較之下才會感覺這是地雷，因此難以下嚥吧。

假日如果沒有排到打工或者家教，我都習慣從住處走到新宿，沿著JR山手線鐵路旁，走路約十分鐘就可以到達。新宿東口是我最先到達的地方，也是我最愛去的地方，與地鐵共構的百貨公司LUMINE EST，裡面藏著很多神祕的小店。「la petite mercerie」是一家位於二樓角落不起眼的甜點店，在門口就能看到甜點像寶石般陳列於蛋糕櫃中，氣氛舒適、品味高。走進去，主要的座位區在一進門就可以看到的落地窗旁，長長一整排，面對著窗外的長條餐桌椅，就算是單獨前往也不顯得突兀。我常常坐在大大的落地窗旁，讓舒適的陽光灑在身上，吃著甜點，喝著熱紅茶，度過愜意的午後時光。

各大百貨地下街
甜點宣傳冊

對一個製菓學校的學生來說，除了在學校學習甜點的所有基礎外，對甜點的敏感度與甜點趨勢也必須培養，因此購買各大甜點店的產品試吃就很重要。但對一個留學生來說，這樣的花費幾次下來，真的有點吃不消。

記得有一次上藤原校長的課，他跟我們聊到自己如何保有對甜點的敏感度。當時她拿出一本印刷精美的冊子，裡面除了全彩蛋糕照片，連蛋糕的剖面圖都畫得一清二楚。我睜大眼睛盯著那一本神祕的本子，之後恍然大悟，那是百貨公司地下街的宣傳小冊！

一般在日本的百貨公司Ｂ１樓層都會設置美食街。在日本能進駐百貨公司美食街，必須有一定的品質和名氣，所以在這裡反倒不用害怕有地雷。在各大節慶時，美食街Ｂ１入口或是Ｂ１服務台都會放著甜點宣傳手冊任人免費拿取，尤其是大型高級百貨伊勢丹、高島屋或者是小田急百貨等，歷年都有這樣的機制。

對我來說，這樣的甜點宣傳冊是很有用的工具書。雖然我沒辦法把所有蛋糕都買回家試吃一遍，但至少可以藉此知道所有商家節日新推出的蛋糕款式，在外觀與夾層配置上，都可以取得最新的趨勢，甚至可以上網查詢消費者評論與接受度，這絕對是我認為最不花錢又最有效率的方法！

嚴格另類的重考制度

雖然我自認為把課業與打工都安排得井然有序，但其實體力已經瀕臨界線。長時間的生活型態都維持每天六點起床，七點半出門，下午五點下課，六點打工，半夜十二點到家，凌晨兩點睡覺。一開始覺得自己挺得住，但慢慢的發現上課無法專心，記憶力也變得不好，甚至在學校感覺眼睛都快睜不開了。

我就像動物園裡被放在「體驗區」的馬一樣，不停繞圈繞圈繞圈，看似安穩平靜，卻在過一段時間後難免出現焦慮的狀態。

就在第一學期期末考時，我面臨到前所未有的挑戰。

老師從前面往後傳遞著「食品衛生課程」的考卷。看了題目，全都是似曾相識卻想不起來答案的問題。整間教室只有沙沙沙的作答聲，我的周圍好像有股熱帶性低氣壓，讓我難以呼吸。我望著窗外，時間一點不留情的流失，那一分一秒都是煎熬。就在後悔的同時，殘酷的鐘聲也響起。

緊接著「材料學」、「就職活動課程考試」，甚至連我最有把握的「實習課筆試」都一一淪陷了。

不久，牆上公布了所有必須補考的同學名單。這次的考試不只台灣、中國、香港的留學生們幾乎都要補考，還有為數不少的日本同學。公布名單旁邊還寫著：「再試驗者九十分合格」。

「真不愧是嚴格的日本人啊……真狠！」我當時只有這樣的想法。

學校的補考制度不像台灣的補考。學生考不好，老師必須空出時間花費精神來幫你重考。在日本，重考需要申請也需要付費，如果你擺爛不申請，不能畢業就是你家的事。在學校行政樓的一樓，老師辦公室的旁邊就放置了一台販賣機，不要以為它是個飲料販賣機，這可是學校行政考試各方面申請的付費機器呢！補考一科一千日圓，重考四科的我就必須付四千日圓，這是一個比體罰還痛的懲罰啊……

「補考制度」最可怕的地方是，不但合格標準提高，而且如果再不合格，又得繼續付錢再考。這種無止盡的輪迴，到底何時能結束？

最後，就在金錢的脅迫下（喂！是學校的諄諄教誨下），我終於通過了學校的考試。

其實現在回想起來，當時嚴格的考試與規定都是為了造就現在的我們，為了能讓我們成為最卓越的甜點師。莫忘初衷，永遠要記得自己是付出多大的力氣才走到這裡……

製作畢業作品

大約在十一月中旬，老師發給每位同學一張「畢業作品設計表」。

「是的，已經要開始設計了！」助教說。

畢業作品被分為六個品項，有「杏仁糕裝飾」、「buttercream」、「麵包工藝」、「糖花工藝」、「餅乾工藝」、「拉糖工藝」。品項是由學校分配，雖然不知道分配標準在哪。我被分配到的是糖花蛋糕。

回想起來，學校的基礎糖花課程也才上了兩堂，要我這種幼稚園小班的程度做出一整個蛋糕做展示，真的有些吃力……

為了畫出設計稿，我和同學一起去紀伊國屋書店，書店裡滿滿的糖花翻糖蛋糕書籍，但每一本都貴得嚇人。翻開一本本大師級的作品集，精緻而完美的展現，但當時的我只能感受到遙遠的距離而已。

回到家沉澱一下心情，還是決定拋下既有束縛，挑戰不同的可能性。雖然我從小就愛日本三麗鷗的青蛙人物，不如就藉此次機會做出一個可愛系列的蛋糕（畢竟我是糖花界幼稚園程度嘛……）。

雙層蛋糕、滿滿的青蛙和可愛圖樣裝飾，中層段是讓人舒壓的草莓田園，最上方的兩隻青蛙在水池旁拿著蛋糕要獻給大家，這款被我取名為「青蛙天堂」的蛋糕，多麼可愛（幼稚）啊！我大概只花了三十分鐘就把這個設計稿畫好了。

「你過來，我跟你說。」老師對我招招手，手上拿著我的設計稿。我本來以為會聽到老師說：「卡哇伊！」但只見老師臉部微微抽動，似乎在憋著笑對我說：「你拿回去重畫，不行做青蛙。」

本來想繼續問下去，但她已經對我做出雙手打叉的動作，所以只好認命重改。

後來我才知道，因為畢業展就跟就職面試一樣重要，會有業界的師傅或者贊助商來挖掘優秀畢業生，所以老師不希望我用這個幼稚園作品來當做我的畢業蛋糕。

再次觀察了其他糖花類的設計，大家果然全都以花為主。

「廢話！就跟你說是糖花藝術，又不是什麼糖青蛙藝術！」我覺得老師一定很想這樣對我說。

總之，我最後畫出了一個糖花蛋糕設計圖，雖然自己不是很滿意，但對於凡事都注重外在形式、也喜歡制定標準統一眾人的日本社會來說，應該是很理所當然。

安全交出設計圖後，在看似溫和隨性的軀殼裡，我不甘屈服的靈魂還是蠢蠢欲動著。就在製作成品的時候，我不自覺就做出和設計圖完全不一樣的蛋糕。

一開始使用翻糖包覆蛋糕，之後就完全使用塑糖來製作花朵和裝飾的部分。塑糖是個難以照顧的傢伙，在寒冷乾燥的一月，擀開塑糖沒多久，一下子就開始乾裂。第一朵玫瑰花就不知道重複做了幾次，但第二朵、第三朵開

更改過後的設計圖

我的青蛙蛋糕設計稿

我的畢業蛋糕

始愈來愈順。依照原本的設計圖，我得做出四朵小玫瑰花和兩朵大玫瑰花，但當我回過神來，發現自己已經做了二十多朵小玫瑰了。我可能有做家庭代工的天分吧！

就在那一瞬間，我改變計畫，在心中擬好最新的設計圖，繼續做下去。製作畢業作品大約有兩個禮拜的時間，扣除假日，大約剩下十天，但一天只利用一堂課的時間製作。就這樣，我的玫瑰糖花大概花了五堂課，做了近兩百朵。做過糖花的人都知道，糖花一乾燥就會變得脆硬，一不小心就會損壞。於是，我小心翼翼的把近兩百朵小玫瑰放到蛋糕上，用色差排出一個愛心。

這個天馬行空的想法，沒想到最後竟受到老師的誇獎，但我想，苦勞的成分可能比較多……

畢業展當天，總共百件的作品就像是小型的 Japan cake show，畢業生將學習與銳變的成果展現在一個蛋糕上，藉此與前來的家人與嘉賓們一起分享喜悅。

在設計這個蛋糕前，從沒想過自己憑幼稚園程度也可以完整做出一個糖花蛋糕。學校給的這個機會也是要告訴我們，只要有了學校教導的扎實根基，以後面對任何挑戰都可以迎刃而解。

三一一大震後的畢業典禮

二〇一一年三月十一日星期五，我一如往常走在人們稱為「官廳街」的霞關街道上。早上九點，約在外務省的中文家教課就快開始了，雖然天氣不錯，但又莫名感到有些灰暗。上完家教課，我一改以往會到處走走的習慣，買了午餐就馬上回家。也許是這詭異的天氣讓我只有想回家的念頭。寧靜的午後，一切在不到一小時後就顯得那麼不真實。

日本時間下午一點四十六分，住在木造兩層建築一樓的我，已經隱隱約約聽到房子嘎嘎嘎嘎的細微聲音。在我還來不及反應的時候，整棟房子開始左右大幅度搖晃，家裡所有的東西就像無重力般噴射出來。我站了起來，卻無法動彈……我拿起手機試圖想聯絡朋友，但已經無法撥出。門外有一堆日本人聚集的講話聲，我開了門走出去，看到一位只穿內褲就跑出來的男性，還有一位包著棉被站在旁邊的女生。他們都無聲的站在門口往外看，背影顯得多麼無助。旁邊一位年約七十的獨居老婆婆放聲大哭，嘴裡開始唱起聖歌，我想那是她唯一可以面對恐懼支撐下去的方式。

這也是第一次在我住家外這條看似冷清的巷子內，同時看到這麼多人聚集的一天。我永遠無法忘記當時的心情，現在回想起來手還會顫抖。我跟著一群日本人站在小巷子的路中間，每一個人都害怕房子再震一次就會無情的垮下。我不停聽到小孩的尖叫聲和玻璃破裂的聲音，忽遠忽近。

第一波地震停止後，我馬上跑回家，發現網路還通，立刻用網路電話聯絡在台灣的家人。

「爸爸，日本大地震了！」我邊顫抖邊說出第一句話。

「喔喔，你沒出去逛逛喔？」我爸狀況外的以為我只是在聊天。

「你沒看到新聞嗎？」我說。

「沒有啊，我在上班呀。」他回答。

就在這時，房子又開始大力搖晃。「我要逃出去了！」說完立刻掛掉電話。當時連站起來都很困難，搖晃到我好像坐在一艘船上。街道開始響起廣播，請大家疏散到附近的公園避難，但當時無依無靠的我，只想待在自己的家裡……

地震當天很幸運的是，我住的區域並沒有停電，雖然手機無法通話，但至少還有一個對外聯絡的方式。從下午開始就不停產生餘震，電視也不停播報要我們逃難的聲響，每個電視新聞主播都戴著安全帽卻依舊堅守崗位。我就這樣來來回回的逃生又回家、逃生又回家……最後，我疲乏的坐下來，選擇靜心等待，等待有人告訴我接下來該怎麼辦。

接近傍晚，餘震的頻率愈來愈低，不過當時的我已心力交瘁到放棄逃生了，就是坐在家裡一動也不動。

大約晚上十點，我的門鈴響了，是住在旁邊一棟公寓的台灣朋友。一開門，她疲累不堪的神情早已蓋過恐懼，她是從東京都港區赤坂車站走回來的，走了三個多小時（平常搭電車只要二十分鐘）。她激動訴說著今天在地鐵站發生的種種，告訴我大家是如何邊尖叫邊哭著跑出車站。我想，這對每一位經歷過這場大地震的人來說，絕對是無法忘記的一天。

我們同學之間透過簡訊聯絡，得知三月十六日的畢業典禮照常舉行，但可以自行決定是否參加。新聞不停報導著福島重大核災事件的消息，並請大家不要出門，若出門也一定要戴口罩。

經過深思熟慮，我還是決定去參加畢業典禮，這可是我來日本最期待的一天，什麼都無法阻止我想去的心！

畢業典禮會場與
畢業證書發放

雖然當天的電車都通車了，但原本三分鐘一班的電車，已變成三十分鐘一班。一到畢業典禮會場，就看見同學們互相慰問，原本的開心又多了一層憂心。

接著我走進禮堂，莊重肅穆的氣氛讓人不禁起了雞皮疙瘩。很多女同學不約而同穿上傳統振袖和服與袴來參加，而男生還是穿著深色西裝。當我聽到校長在台上一一唸出畢業生的名字時，才有種即將畢業的真實感。

我走上前，從校長的手裡接過畢業證書。

「恭喜你畢業了。」校長說。

與校長握了手，滿滿的回憶湧上心頭。在這裡，我經歷過喜怒哀樂，曾經感到孤獨也感受到溫暖，陷入迷茫過也找回自己過。雖然畢業真的非常開心，但也捨不得這一切。期望將來各自闖出一片宇宙之後的大家，還能再次相遇。

動手做甜點

軟式泡芙

泡芙是個看起來簡單、卻有著高深學問的甜點。在我還未就讀製菓學校前，我只會照著食譜做，但失敗了，不知道是什麼原因。泡芙的學問很大，可以從物理變化來看澱粉的糊化、雞蛋的乳化，烤後麵團中水分受熱形成水蒸氣，最後蛋白質受熱凝固鞏固架構與成型。光做一個泡芙，裡面就含有好多好多的學問。希望大家也會愛上這個外表平易近人卻充滿學問的甜點喔！

這個食譜的泡芙是市面上比較少見的「軟式泡芙」，雖然說一般吃到的酥脆外皮可能是大家心目中的第一，但比起酥脆，我更想告訴你軟式泡芙的溼潤柔軟，吃一次就會迷上的！

材料

- 沙拉油……30g
- 水……15g
- 牛奶……15g

- 鹽……少許
- 低筋麵粉……25g
- 蛋液（常溫）……約60g

※內餡可自行變化，可放基本卡士達醬或新鮮水果搭配打發鮮奶油，也可放入生菜、火腿、起司等做成鹹口味。

做法

1. 沙拉油、水、牛奶、鹽放入鍋中煮沸，關火後加入低筋麵粉，使用刮刀快速攪拌至看不見粉狀，再開小火同時用刮刀切拌的方式加熱麵團至八十度關火。
2. 常溫蛋液分次加入鍋內使用刮刀融合攪拌，直到麵糊用刮刀拉起後呈現光滑且柔軟不滴落狀態（倒三角）。麵糊裝入圓形花嘴的擠花袋，擠出直徑七公分圓形，使用噴霧器噴上水霧後，放入一百九十度烤箱烘烤三十分鐘即完成。

Step 5

沒有海外留學光環這回事！

不論在求學期間多認真努力，或是第一名畢業，進入職場後會發現，業界和學校是完全不一樣的地方。

在學校如果把蛋糕畫得歪七扭八，老師會再示範一次，耐心指導到你會；在業界，如果把蛋糕畫得歪七扭八，會先獲得一雙白眼，然後主管會說：「在教你的同時，我就可以做幾百顆蛋糕了！」

壓根兒沒有海外留學光環這件事！

從日本回到台灣後，也許是帶著留日光環，我常常被問到：「你要自己開店了嗎？」「你一定已經非常厲害了吧！」

這也是我常常要跟大家解釋的部分。無論在多高級、多貴的海外學校或是哪一國，留學都是代表去當「學生」，無論念了一年還是兩年畢業，也只是比一般人多了扎實的基礎而已。這樣的程度實在稱不上厲害。

我的第一份工作

回台後的第一份工作，是一家有名的巧克力蛋糕店。當初在求職網站看到徵才廣告還有點猶豫，上面寫著徵求「生產部助手」。在日本燒了大筆金錢，也努力學習了甜點技術，總覺得應徵工廠助手似乎有點不符合期望，且當時的幻想畫面是在高級甜點店的附設甜點房，甜點師們化著美美的妝，穿著白淨的廚師服做甜點才對啊……

「到底是有多愛幻想啊啊啊！你都快三十歲了，能讓你去當助手就要偷笑了……」從事服務業的朋友給了我重重的一擊。

就這樣，我投出履歷，意外的在隔天下午收到面試通知！

在製菓學校的求職課中，老師要求我們面試時一定要穿全套西裝前往，但我進入準備面試的甜點中央工廠後，才發現我是個異類，身邊的面試者都是T恤配牛仔褲的輕鬆打扮。我想我人生最大的難題，就是「看場合穿對服裝」這件事吧！

當時的面試官是一位看起來時尚且有氣質的生產部主管，在叫我自我介紹和詢問經歷後，馬上開始對我講起工作內容。主管說會先講在前面，是因為太多人抱著幻想來這邊工作，以至於離職流動率太高。我心裡嘀咕著：「原來愛幻想的不只我一個啊……」

我對主管說明：「我有做好心理準備，也認為自己可以勝任這個工作。」主管看似滿意的點點頭。

在我自認面試要結束、正準備起身說謝謝的同時，主管迅雷不及掩耳的問了我一句：「你吃過我們家的蛋糕了嗎？」

我開始冷汗直冒，內心小劇場開始上演：「要說吃過嗎？但我沒吃過啊！要說實話嗎？會不會扣分啊？」

糾結之後還是選擇誠實為上。「沒有……但我面試完會馬上去買來吃！」

也許是因為誠實，主管沒有介意這件事，而我也在隔天收到錄取通知，正式踏入烘焙業！

刷洗鍋具兩個月

畢竟這是我正式在烘焙業的第一份工作，有很多事情都還是狀況外！例如第一天上班，我就穿了一雙白色尖頭娃娃鞋，當時天真的以為公司會給我一雙工作鞋……

「啊，你怎麼穿這樣？」這是主廚看到我所說的第一句話。我從他的眼神看得出來，他正在克制自己不要對我翻白眼。

就這樣，我在烘焙業的第一個工作、第一天，就是穿著白色尖頭娃娃鞋留著冷汗度過……

這間公司的生產部又分為三個部門，一開始我被分配到蛋糕裝飾部門，聽說通常女生一進公司都會最先分配到這裡。裝飾部門大約有十名員工，每個人都手腳俐落的畫蛋糕，那模樣讓我崇拜到不行，也因為如此，我好希望能趕緊獨當一面，用抹刀畫出一個個漂亮的巧克力蛋糕。

隔壁的蛋糕體製作部門則是飄著香噴噴蛋糕香氣，這個大家視為理所當然的味道對我來說非常珍貴。正當我沉溺在自己的幻想時，打醒我的是領班嚴肅的叫聲：「你在做什麼?!」這是領班最常對我說的一句話。

工作一個個接著來，每一件事、每個細節都有一連串的規定。我仔細的

在內場靠著牆壁就秒睡

記著深怕出錯，卻難免還是因緊張呈現腦子斷線狀態。每每看著資深的同事一個個熟練的將水果切片、醃製、夾餡，最後抹面再裝飾，我總是洗著源源不絕的器具偷偷望著他們。

「我也想要像他們這樣厲害！」我在心裡下了這個決定。

我只能抱持著「夢想總是美好的」想法，因為每天都被現實打到體無完膚。在廚房裡最講求速度，更何況這裡是蛋糕工廠，每天要做的蛋糕量是幾百幾千個，不像以前在學校裡兩個多小時只做一個蛋糕。

洗模具、打包蛋糕、黏紙箱、蛋糕入庫、清潔，這些基本工作本來就應該熟練到不行才可以，但我心裡難免會想，已經來這裡快兩個月了，什麼時候才可以和大家一樣站在畫蛋糕那一區呢？我終於鼓起勇氣問了其他同事。

「通常進來公司一個月就會開始畫蛋糕了，但是你之後沒有新人進來，所以你還是得先做打雜的事。」同事說。

老實說，她這麼說我反而鬆了一口氣，好險不是因為不喜歡我才不教我畫蛋糕，否則我真的會很難受。

轉換部門，轉換學習速度

近兩個月打雜的日子裡，我也祈禱有新人進來，讓我有機會可以往上一層派去畫蛋糕。但是我始終等不到這一天，來上班的年輕人總是只做一天，最多一個禮拜就會嫌累、嫌薪水少或乾脆消失不來。雖然努力學會了承受無法自主的命運，不過時間久了還是經不起一直等待、落空、失望、等待、落空、失望……

蛋糕工廠的上班時間是上午七點到下午四點，所以每次下班時天還亮著。公司在傍晚六點前開放我們留下來練習裝飾蛋糕。同部門或其他部門的幾位同事只要有空，就會留下來教我或陪我，這些點點滴滴到現在還是讓我好感謝，如果沒有他們，也許我沒辦法這樣支撐下去。

快邁入三個月時，雖然還沒等到新同事進來，但或許是可憐我，領班慢慢讓我做一些蛋糕裝飾方面的工作，像是點金箔、在蛋糕上放巧克力裝飾片之類的。這些工作對我來說已經求之不得，至少是由我來完成每一個蛋糕的最後一個步驟吧（超樂觀的）！

有一天，主管突然叫我去辦公室，問我對製作巧克力有沒有興趣，因為巧克力工廠臨時有師傅離開，希望調一個人過去。但我內心糾結想著：「我除了每天留下來練習畫蛋糕之外，在裝飾部門根本都還沒有真正上場畫過蛋糕啊！」

「巧克力工廠不是每個人都可以去的，我想去還去不了呢！你要把握這次機會啊！」「你要學畫蛋糕？我教你就好了啊……」隔壁醬料部門的同事不停勸說我。

「好吧，我去！」我真的被他說服了，因為我相信平常對我真心真意的他絕不會騙我。

到現在，我還是很感激這位同事。在人生的路途上，我這個死腦筋常常轉不過來，總覺得按部就班的走向目標對我來說才重要，但我卻忘了，如果不勇於面對挑戰、抓住機會，是永遠不會成長的。

沒過幾天，我被調去「巧克力部門」。這是一個完全不同的領域，這裡的師傅安靜、親切且溫和，跟在蛋糕工廠的氣氛完全不同。巧克力工廠裡播放著優雅的音樂，所有人的步調都非常緩慢。真正工作後才發現，原來巧克力部門需要有細心與耐心的師傅，動作慢一點沒關係。

帶著不服輸的心，我對老天爺發誓，我一定要盡快上手，做到真正可販售的產品！

巧克力師傅每天細心的講解與實做，大約一個禮拜，他就讓我從生巧克力開始做起。這是我第一次覺得好多在日本學到的技術可以派上用場（畢竟我在蛋糕工廠只做過點金箔和插巧克力牌的工作）。被調過來巧克力部門，對我來說才真的適得其所。

在製作生巧克BonBon、調溫、灌模、巧克力裝飾片、手工巧克力的各項訓練之後，師傅將部分的工作交派給我。一開始師傅都會從旁協助，到後來他要我自己處理就好，這樣的信任感讓我不知不覺愛上了這個工作，也真正感受到歸屬感與成就感，覺得自己是這家公司的一份子。

公司營運很順利，過不久就計畫在信義區開一家結合自家巧克力蛋糕的咖啡廳。還沒開店前就聽說公司要派一位師傅駐店，會在咖啡廳現場做蛋糕販售。這不就是我最期望的工作嗎？這又讓我燃起了鬥志。我隨即向主管毛遂自薦，希望可以擁有這個機會。很幸運當時碰到的生產部主管很支持我，他隨即向公司推薦讓我調去咖啡廳服務。

到了實體店鋪，新的挑戰來了。在顧客面前現場畫蛋糕是我從未有過的經驗。當時生產部主廚也被派來監督。我試著把路過的客人都當「西瓜」

（不知道從哪聽來的祕方），但根本沒用！最後，我索性培養活在自己世界的功力，沒想到很快就克服了緊張的情緒。

在店鋪除了畫蛋糕之外，食材進貨也是重要的工作。要評估每天做幾個蛋糕、用多少材料、可能報廢多少，一切都要做好規畫。公司也會嚴格要求我們每天做的蛋糕必須每款拿出一個來試吃，才可以賣給客人，絕對不可以讓客人拿到品質不好的蛋糕。能在台灣看到這樣的品管，讓我很感動。

就這樣，在這一間公司，我從蛋糕工廠開始，調到巧克力工廠，最後調到實體店鋪。雖然都在同一間公司，但有幸能在不同部門間橫向移動，大幅提升了知識面與管理面的眼界。

業界與學校大不同

不論求學期間多認真、多努力，就算比賽得獎或是第一名畢業，一旦進

巧克力蛋糕店的工作讓我
體驗到實務面與管裡面。

入職場就會發現，業界和學校是完全不一樣的地方。

人家都說，業界和學校的最大差別是「人」。

在學校，就算你是不停失敗，老師也會很細心的說明改善的方法，一次次給你機會，讓你至少把最基礎的做好，就算最後的成品不盡理想，老師也會誇獎你、鼓勵你；但是在業界，說實話，老闆請你來是要幫他做事，而不是想收學生來教育。你失敗了，他希望你自己解決，不要問他該怎麼做，因為他請你來，是來替他解決問題的。

在學校，如果你把蛋糕畫得歪七扭八，老師會再示範一次給你看，並且耐心教導直到你會；在業界，如果你把蛋糕畫得歪七扭八，首先會獲得一雙白眼，然後主管會告訴你：「在教你的同時，我就可以做幾百個蛋糕了。」

在學校，無論做出的蛋糕怎樣難看、怎樣普通，親朋好友們一定會大力誇獎並吃得很開心。在業界，店鋪販售的蛋糕只要稍有缺失，就會遭受客戶抱怨、上司批評，老闆可能不會再用正眼瞧你一次。

也許我誇張了，但真正待過業界的朋友應該能了解我說的意境吧。

日劇《小希的洋菓子》中有一幕，主角小希立志成為甜點師，她鼓起勇氣參加一場蛋糕捲比賽，卻落敗了。他大膽的攔住評審想知道為何落敗，還問自己是否有當甜點師的前途。嚴苛的甜點職人冷笑了一下回答：「蛋糕的世界，可不是光靠前途和才能這種莫名其妙的東西就能輕易立足，首先要學習，學習完之後還要學習，就看能不能在這個過程中發現什麼。而跳過這些努力，就直接來問我自己有沒有前途，我認為這樣的人是沒有前途的。……要是想看到別人的笑容，那就做給你的家人和朋友吃吧，如果只是出於興趣的話，大家都會吃得很開心。」

這個片段我大概看了一百次吧，我一方面提醒自己要努力學習，還有提醒自己，如果有人問我為什麼想成為甜點師，千萬不要回答想看到家人朋友們的笑容之類的話！（我以前真的都會這樣回答，哈哈！）

「簡單的事情重複做，就會是專家；重複的事用心做，就會是贏家。」

這句話總是深深烙印在我心中。

現在再回顧以前的工作，剛進公司的菜鳥理所當然被分配到最簡單、最最雜的事，雖然知道那都是必經的過程，但難免時間久了之後就覺得膩了、厭了、煩了。

即使知道這是通往目標唯一的路程，但心裡總會有兩種聲音出現：一種是鼓勵自己；一種就是叫自己放棄。每一天，我心中的努力與放棄都在不斷拔河，但只要看著前方，看著自己的目標就好；我唯一需要做的，只有不顧一切的努力而已。

動手做甜點

巧克力榛果蛋糕

現在蛋糕的口味愈來愈多元化，選擇也愈來愈多，但根據調查，巧克力蛋糕還是被評選為年輕人最喜愛的蛋糕口味。

巧克力好不好吃，真的一口見真章。也許是待在巧克力蛋糕店一段時間，吃了太多高級巧克力，嘴巴也變得特別刁，現在都要好品質的巧克力甜品才願意吃下肚。

這個甜點是使用小蛋糕做出一個大蛋糕的創意，可應用在任何口味的蛋糕上，請務必試試看喔！

材料

- 蛋……2顆
- 上白糖（可替換成白砂糖）……85g
- 糖漿（砂糖：水的比例為4：3）……15g
- 牛奶……35g
- 低筋麵粉……55g
- 可可粉……15g
- 苦甜巧克力……200g
- 鮮奶油……200g

做法

1. 先做可可海綿蛋糕。將二十五公分見方的烤盤鋪上烘焙紙備用。將蛋與砂糖加入盆中迅速混和，隔水加熱至四十至五十度左右，使用打蛋器打至溼性發泡（提起打蛋器時麵糊緩慢滴落狀）。加入溫熱的糖漿用電動打蛋器慢速攪拌均勻。
2. 加入溫熱的牛奶使用刮刀攪拌五下，馬上加入過篩的低筋麵粉與可可粉拌勻，倒入模具中，用刮板刮平後放入烤箱以一百八十度烤二十五分鐘即完成蛋糕體。烤好後以直徑五公分圓形切模壓出十二片圓形小蛋糕備用。
3. 製作巧克力甘納許：將苦甜巧克力切成碎末，倒入加熱至八十度的鮮奶油中，靜置一分鐘攪拌均勻，放涼至想要的濃稠度。放入擠花袋做蛋糕裝飾。

※蛋糕夾層內餡：以可可巴芮小脆片與適量融化巧克力與榛果醬混合。

※蛋糕上裝飾可可巴芮小脆片。

Step 6

找自己的路！

條條大路通羅馬，勿將自己封死在一條路上！

對於甜點之路，我開始計畫嘗試前往不一樣的方向。我深信，唯有自己親自走過不同的路，那才是最真實、最與眾不同的人生軌跡。

每一個蛋糕，都有一個故事，或許甜點師的工作，就是將所有故事與回憶融入甜點中，添加幸福的滋味……

在烘焙業做了一段時間，身邊的同事們大多是為了「生活」而工作，當我說出是因為「夢想」來工作時，往往被他們認為不切實際，白眼翻到後腦勺去。也許在他們的眼中，我可能就是那個看起來撐不久卻一直沒離職的異類吧！

下班後總是拖著疲累的身軀，正常人都想趕緊回家躺著不動，但不知為何，每當我回到家，腦子裡總有一股力量讓我還是想做甜點！就這樣，每當在工作上得到什麼靈感，下班後我就會將它做出來。

「奇怪……味道怎麼跟想的不一樣?!」沒有了公司的SOP，沒有主廚在身邊，雖然有時成品味道不對或偶爾失敗，但在我的小天地裡，可以自己思考解決方法，也得到了工作上找不到的樂趣。

身處在強調SOP與速度的公司，我學習到的是扎實的技巧與店鋪營運的流程，但相較於業界的規律分工，我更熱衷的是親力親為與彈性。在這一行唯有不斷累積，才有更多創新能力使自己獨當一面。因此，我勇敢的辭掉自己的第一份烘焙工作，往外踏出另一條往甜點師的路。

一天只做一個甜點的甜點店

「創業」是一個很迷人的詞，我想很多人都有過這樣的夢想。在我的烘焙業朋友圈裡，一半以上的人有這樣的目標。這個夢想很美，卻不好走，淡季支撐的資本不足或經濟不景氣，再無瑕的夢也會很快破滅。

在烘焙業辭職之後，我給自己半年的時間，找出真正適合自己的「目標」。甜點技術又廣又大，並不是在一家店就可以全部都學完。而我也意識到自己的不足，所以就利用這幾個月的時間進修、學習新技能，才不會輕易被超越。

除了進修，剩下的零碎時間我也不打算放過。「一天只做一個甜點的甜點店」就是在這個處境下創造出來的「無店鋪甜點店」。我的甜點店只有一台不到兩千元的烤箱、一台手持打蛋器，一天只能產出一個蛋糕；不用懷疑，真的只有一個。對我來說，這不是「創業」，也不算「微創業」，我是把它當作一個「試水溫」行動，因為我想知道，依我現在的能力做出來的甜點是否能夠受到歡迎。

我先在臉書開了一個粉絲專頁，並定位它是「重乳酪蛋糕專賣店」。會選擇做重乳酪蛋糕，是因為我的家人很熱愛。我常常在家做各種不同配方的乳酪蛋糕，評審就是我的爸媽還有哥哥，他們都是最誠實、嘴最刁的評審。不好吃的蛋糕一定會被他們遺棄在冰箱，直到我自己把它丟掉；而好吃的蛋糕一天之內就會全部被吃光，一點都不客氣。如果從他們嘴裡聽到「好好吃」三個字，那就是真的好吃了！

先做品牌定位有一個好處，這樣產品會在一定範圍內變化，也更能看出消費者的喜好。加上這樣食材的種類不會太過複雜，品管也比較單純。接單方面也是以「無現貨」的預約制，可以將所有訂單安排在不同天處理，也可以視出貨量來安排進貨材料的量，就不會有存貨或報廢的問題。這可說是一個賺不了大錢、但可勉強維持正常生活的工作，更讓我學習到職場上學不到的東西。

一開始只有固定口味：經典、現榨檸檬、OREO巧克力、櫻桃、藍莓五款，一款一款慢慢推出，再比較哪一款受歡迎。顧客的回饋會讓我繼續調整配方或營運模式。經過一段時間後，我讓每一種口味都可以選擇甜度，好滿足更多客戶。

有一天，一位朋友說他的寵物「球球」生日快到了，能不能幫他做個蛋糕（其實是要給主人們吃的）。我動動腦，想說乾脆在上面畫個圖好了！我把蛋糕當畫紙，以巧克力作為畫筆，畫出腦海中的想像圖。

上有中文球球字樣，一隻簡易的臘腸狗圖樣搭配上英文的生日快樂字樣，這就是我的第一幅蛋糕畫，也是後來開始接客製化訂單的契機。

繪製人像的客製化蛋糕

臘腸狗球球的生日蛋糕

之後，我發現客製化的商機無限大。在這個甜點店林立、市場接近飽和的現在，若只做和別人一樣的東西，那就得勇敢面對大眾的「比較」。在這個戰場上可以體驗到一個殘酷的事實，就算再投入、再認真、用的食材再好，只要產品不符合市場需求，面對鐵血大軍的襲擊，也不得不離開這個戰場。

自從開放客製化訂單之後，我的訂單源源不絕，遠超出想像，我就這樣從寫英文字到寫中文字，後來連人像圖的客製單都接。

就在持續滿單的日子中，有一位客人的要求讓我印象很深刻。她希望讓收件人驚喜，並在打開蛋糕的同時就知道是誰送的，於是不太會畫圖的她努力畫出一幅她與收件人一起去過的地方場景，有大大的鯨魚、晴朗的天氣、兩大三小的組合及當天難忘的美酒。這幅手繪圖讓我感受到強烈的溫暖

客人親手繪圖讓我畫到蛋糕上

與愛。我在製作蛋糕的同時，彷彿都進入那天的場景裡了。

難怪人家說，手作甜點「填胃也甜心」！

至於客製化蛋糕的客群，有近乎一半是送給自己孩子的禮物。在接單的時候，常常收到媽媽們寄來孩子的生活照，每當此時，我都不覺得我們之間是生意上的往來，我彷彿像是媽媽的朋友，聽著她們分享對孩子的期望與喜悅。我想，這就是我最嚮往的、一種有溫度的蛋糕吧！

一開始賣蛋糕時，我總是不停對客人說著：「謝謝你，真的很謝謝支持。」到後來，每做出一個客製化蛋糕，得到的是客人不停對我說：「謝謝你，真的很謝謝！」我想，人與人之間的溫度，就是客製化蛋糕的獨特之處。

每一個蛋糕，都有一個故事，而甜點師的工作，就是將所有故事與回憶融入甜點中，添加幸福的滋味。

創意市集擺攤去

「會呼吸的生意」，這是我聽過對創意市集最貼切的形容了。「創意市集」是個有趣的概念，它並不是一個商業性很強的地方，裡面聚集的是所有創作者對生活的態度，那是一種與人透過不同方式交流互動的創意生活。

就在「一天只做一個甜點的甜點店」校長兼撞鐘的日子慢慢上軌道後，我也開始計畫嘗試這種生活態度。在往甜點師的路上，我深信，唯有自己親自走過不同的路，那才是最真實、最與眾不同的人生軌跡。

為了要去擺攤，我上網買了一個便宜卻耐用的不專業保冷袋（畢竟真正專業的保冷箱都要好幾千元），其他裝飾用品就用宅急便紙箱包一包，就這樣出發了。

我去的「公館創意市集」，位在台北市公館捷運站附近的「台北自來水

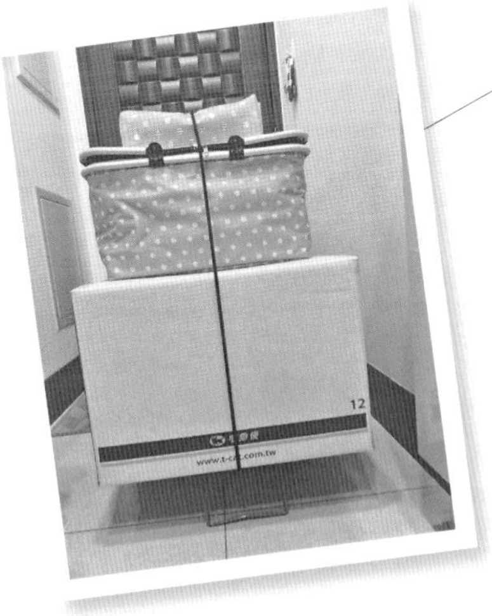

一個保冷袋、一個紙箱、
一個小拖車，出發！

園區」。以創意市集來說，公館創意市集是最容易上手的地方就是租金比其他市集低，也可以只租單天，是比較沒有壓力的經營方式。

第一次擺攤時，我很幸運的被安排在所有攤位的最前面，只要客人一進市集，第一眼就可以看到我的攤子。我的好友們也輪班幫我叫賣，雖然大家都沒有擺攤的經驗，但我們的共通點就是「不怕丟臉」，這可能也就是我們的強項！

當天天氣特別好，人潮也源源不絕湧入。在這裡，不只是販賣，我們對待客人就像對朋友一樣相處互動，聽到客人對蛋糕的讚賞與肯定，比賺到再多的金錢還開心。

從下午三點開始賣到五點，在強力的宣傳下，準備的五十個蛋糕竟一個不剩賣光光！而且陸續還有吃完回頭想買卻買不到的客人，真的讓我很感謝也很感動。在這裡，不只是賣出一個個好吃的蛋糕，還有得到一顆顆真誠的心。

市集限定販售 3 吋小蛋糕

雖然很想持續感受這樣的溫度，現實面還是得賺錢有收入才行。有專家分析過創意市集的經營方式：「在創意市集擺攤，攤位愈來愈多的狀態下，唯有靠著持續不斷創作的能量，才能維持市集的特性和競爭力。」這句話真的很有道理！如果常逛市集就會發現，有些攤位每一次都在，但大部分攤位的替換率其實非常高。

市集其實就是一個「適者生存，不適者淘汰的小型食物鏈」，有人賺錢，當然就會有人不賺錢。這就是所謂的「二八定律」，賺錢的永遠都只有那頂端的百分之二十！

有一次我在聖誕節前夕擺攤，為了市集準

我在公館創意市集

備好多聖誕節限定品，除了最主要的迷你版乳酪蛋糕之外，還增加各款手工巧克力。但我沒想到，其實更多的選項並不會讓人做出更好的選擇。當時不懂這道理的我，嘗到很大的苦頭，我發現當天大部分的人都會在攤子前躊躇不前，最後甚至不知從何選起就乾脆不買了！

擺攤也最怕天氣不好，這可以說是一個看天吃飯的工作。雖然成本低，門檻也不高，看似人人都可以做，卻不是每個人都支撐得住。

在下著大雨的某一天，雖然攤位上面有陽傘遮著，但我還是全身溼透。雨隨著風從各種角度襲擊我的攤位，還有我的心。

「準備了大量的蛋糕該怎麼辦呢？」我內心忐忑著。雖然對天氣因素總是會做好心理準備，卻還是難掩失望的心情，況且每週兩次市集有愈來愈多人想報名參與擺攤，也無法確定是否能搶到名額。

但無法否認的是，我在創意市集得到心靈上的滿足感。很多人在市集找到自己的方向，甚至藉由這樣的形式，在一、兩年後變成人人皆知的名甜點工作室，可是我沒有這樣的時間，我得做決定了！

網路販售、市集販售、回到甜點店工作，或者……到底哪一條路才是我真正的渴望呢？

總之，不管我的選擇如何，創意市集對我來說都是很重要的過程。這裡不僅是自由發揮的舞台，也可以直接第一線面對客人、與客人對話。對於面臨的失敗和挫折，也是很好的學習機會。如果想要創業卻又猶豫不決，想挑戰看看自己的能耐，真的可以先來試試創意市集的酸甜苦辣。無論你替自己設定了什麼目標，唯有積極行動，才能幫助你達成，並找到答案。

動手做甜點

草莓起司蛋糕

草莓是個很神奇的水果，無論放在再平凡的蛋糕上，都可以瞬間提升價值；而起司蛋糕雖然看起來平凡，卻是最普及又廣受大眾喜愛的甜點。將這兩樣組合成一個品項時，就可使出一加一大於二的威力喔！

只要先做好蛋糕底，再做起司蛋糕麵糊，烤一烤就是美味的起司蛋糕了。上面裝飾漂亮的草莓，不僅視覺質感大提升，酸甜的滋味也能讓口感層次更上一層樓啊！

材料

- 消化餅乾……85g
- 無鹽奶油……30g
- 奶油乳酪……35g
- 砂糖……80g
- 酸奶油……120g
- 蛋液……70g
- 檸檬汁……10g
- 香草莢……適量
- 玉米粉……10g
- 新鮮草莓……適量

做法

1. 將消化餅乾敲碎，與融化好的無鹽奶油混合，放入直徑十五公分的圓形或正方形烤模底部壓實。
2. 將奶油乳酪與砂糖隔水加熱，用刮刀壓拌方式使之軟化（待奶油乳酪與糖都呈現乳霜狀即可）。依序加入酸奶油、蛋、檸檬汁、香草莢、玉米粉混合（每一材料加入混勻後再加入下一樣），最後將麵糊倒入模中，放入烤箱以一百六十度烤一小時即完成。（烤盤上放入適量熱水，使用水浴法烘烤，烤模底部可包上鋁箔紙以防浸水。）
3. 烤好後在蛋糕上放新鮮草莓裝飾。若要避免草莓移動與掉落，可先在蛋糕烤面上抹鏡面果膠再放水果，也可在草莓上方抹上一層果膠使之產生光澤。

Step 7

從甜點師到甜點老師

「甜點師」與「甜點老師」其實只是一線之隔。
「甜點師」是用精湛手藝做出一個個美味甜點，滿足你的心靈；而「甜點老師」是用耐心與愛心，「教你」做出一個個美味甜點，一樣能滿足你的心靈。
一位甜點老師，為了要給學生最好最新的技術與知識，自己也必須不斷的進修與練習，對我來說，這似乎是一條更適合我的的路。

在一個機運下，我的大學同學在自家附近買了一個店面，將它改造成小型烘焙教室，邀請我去教學。

「我不行啦！我會做但是不會教啊！」我緊張的說。

「你就先來試試嘛，我幫你招生。」我的朋友很有信心的說。

就這樣，我進行了第一次教學初體驗！

命中注定的工作

雖說是小班制，畢竟是我第一次教學，還是不免顯得僵硬和生疏。我努力想講些什麼，但緊張到腦子一片空白。學生提出問題時，也許是因為沒有自信，我的回答也是小心翼翼。有一位同學可能因為我回答得不夠肯定，還直接回我說：「真的是這樣嗎？好像不是吧……」當時我背後冒出的冷汗都可以聚集成一條河了。

第一次教學製作的
草莓起司蛋糕

一開始的教學經驗雖然緊張萬分、冷汗直流，卻是我所有能力啟發的開端，我逐漸摸索出自己的定位與價值。相較於在甜點店工作、在網路販售甜點或是在市集擺攤，我的耐心與堅持的個性似乎更適合當一位老師。

於是，我決定轉向教學這條路。我在人力銀行查詢到的第一個徵才訊息，就是剛進駐台灣不久的日本烘焙教室 ABC Cooking Studio，那也是我唯一投下的履歷。

我有一種預感，我投的這張履歷一定會收到回應！即使結果無從選擇，但我等待的過程至少是愉快的。

我就這樣樂觀的等待面試通知，卻一不小心就漏接了電話，而這通電話還真的就是烘焙教室打來的！我冒著冷汗隔天回撥電話。「不好意思，我昨天有接到你們的來電，請問是不是通知面試呢？」我大膽的問了！

電話那一頭似乎是手邊資料太多的關係，我一直聽到窸窣窸窣的聲音……

「咦？沒有看到你的履歷呀……」對方回答。

「可是我有接到你們的電話，就在昨天下午五點二十五分！」我連時間都講出來，內心還著急想著：快找出我的履歷啊啊啊啊！

「好的，那先留下你的姓名電話，我們來約面試時間吧！」對方說。

真的嚇死人了，面試機會差點就要飛走……

知道嗎？「機會」這種東西，人生不知道只能碰到幾次。有時候，它只會向你招一次手，只要把握一次，也許可以成就你的一生；但若失去了，你這輩子可能再也碰不到了。

雖然已經經歷過很多次面試，應該一點都不緊張才對，但不知道為什麼，這次的兩階段面試可是讓我三魂七魄都飛走一半，或許是因為我抱著非錄取不可的心情吧！

面試當天，我依舊是穿著全套西裝到了面試會場，然後依舊看到來面試的人都穿著輕便的衣服。我想，這是台灣人的習慣吧？不管是怎樣的面試都可以穿便服嗎？

面試似乎是半小時一場，我剛到會場時，前一位還沒有結束。我坐在旁邊等待時，其實也聽得到前一位面試者說的內容。

「你為什麼想進入我們公司呢？」面試官問。

「因為我爸媽說大公司福利應該會比較好……我們家是開金飾店的，已經沒落了……」面試者回答。

怎麼會這樣回答呢？我在旁邊都替她著急起來，不過面試官好像不太介意的繼續問。

「有沒有什麼想詢問的問題？」面試官說。

「喔，是沒什麼問題啦，但是我這個月月底要出去玩，可能沒辦法來上班，我要請假喔……」面試者很平靜的微笑著說。

在旁邊看出一身汗的我不禁在想，這到底是「初生之犢不畏虎」、「高手過招」，還是「欲擒故縱」的招術啊？

面試官最後還是忍不住補了一句：「初期訓練最好不要請假，如果你有錄取的話……」

在一旁彷彿在看恐怖片的我，已經背脊發涼了……

恐怖電影結束後（啊！是前一位的面試結束後），就換我了。我一樣是全套西裝的打扮，和前一位面試者穿著運動外套、T恤、牛仔褲相比，似乎又過度嚴肅了……

「自我介紹一下。」面試官說。

「我叫劉偉苓，畢業於……」早已熟到不行的自我介紹，我可以一邊放空一邊流暢的說出來。

「咦？你去過日本三年，日文不錯吧？」面試官說。

「沒……沒有很厲害，是生活上可以溝通的程度而已。」我回答。

「好，現在開始講日文吧！」面試官微笑著說。

「蛤?!粒供蝦米？我剛剛是說生活上的溝通耶！」我內心衝出的話，又有誰聽得到呢？

我只好用笑僵的臉回答：「喔……好……好啊……」

說真的，就算會說日文，也不代表不準備就可以把面試要說的話直譯出來，我真的不是日文系畢業也不是翻譯人員啊！

就在講了日文之後，我整個精疲力盡。這一場面試讓我感覺似乎長達二十年之久。

經過第一場由經理與人資的面試之後，接著還有董事長與副理的面試。這過程像是好不容易穿越荊棘密布的森林，又要爬上險峻的高山。好險，最後終於登上頂峰。我收到錄取通知了！真的是一場硬戰……

很多人問我：「你怎麼會走向教學呢？你不是要做甜點師嗎？」

正努力把技術傳給學生的甜點老師

我想，「甜點師」與「甜點老師」其實只是一線之隔。「甜點師」是用精湛的手藝做出一個個美味甜點，滿足你的心靈；而「甜點老師」是用耐心與愛心，「教你」做出一個個美味的甜點，一樣能滿足你的心靈。作為一位甜點老師，為了給學生最好最新的技術與知識，我也必須不斷進修與練習，這對我來說，是一條更適合我的路程。

說到底，「甜點師」與「甜點老師」的最終目標都是要做出好吃的甜點，不過「甜點老師」又比「甜點師」多了一項任務，那就是老師要把所知道的技術和知識完整的傳授給學生，並且帶給學生滿足與幸福感，這就是每一位「甜點老師」的使命！

克服重重障礙，接下管理職

這世上或許有九成的人，因為一輩子沒找到真正想做的工作而悔恨著。就算做到自己喜歡的工作，卻遇到討厭的上司，這樣的機率也非常大。

「好老闆帶你上天堂，壞老闆讓你提早進病房。」我時常聽到朋友這樣說。有可能是上輩子修來的福氣，我遇到了一位好老闆。我的老闆就是公司的董事長——黃尚莉女士。她是一位溫暖的女性，有別於一般老闆的氣勢凌人，無論對誰都恭敬有禮。在公司開幕之前，她還自費到日本的烘焙教室報名全套課程，全面學習。我想，她是希望做個可以一起幫忙解決問題的老闆吧。我很敬佩也很崇拜這樣的她。

一開始進入公司，就能感受到公司強烈的經營目標與信念，也就是「讓全世界的餐桌都洋溢著笑容」。這樣的信念既廣且深，是從一個更高的視野與更大的格局延伸出來的。也因為受到這樣的影響，我覺得如果要成為一位高格局的甜點師或甜點老師，就不應該把自己侷限住，只要帶著正確的觀念與思維，看透現象的本質，抓住精髓再做出行動，我們的人生格局也可以無限大！

可能我在日本待久了，大學時期活潑開朗的個性，去了一趟日本後就變成內斂安靜的人。教學前雖受到公司嚴格與扎實的訓練，但畢業是教學新手，每次上課還是改不了小心翼翼、缺少自信的講話方式。無論在製作或講解時，我都能感受到學生們已經精神渙散。我面臨一個很大的考驗，那就是「掌控教學環境與氣氛」。

一個好的老師，最重要的就是讓學生能夠從你身上吸收完整的知識與技術，不過首先要能塑造出一個讓人可以完整吸收的「環境」，這不是光處在一個高級教室與高級設備間就得以達成，而是老師自身必須建立起「氣氛」才行。

記得初期教學的時候，我壓抑著緊張的心情，為了吸引學生的注意力，皮笑肉不笑的在大家面前不停說著有趣的事。每天下班，緊繃飽滿的氣球就像突然洩了氣般，整個人變成癱軟的豆腐泥一樣躺在床上。

當我發現這樣的教學方法對我來說是一種負擔之後，我馬上改變做法。我適度的對學生們表露出自己的個性，並分享在日本經歷過的點滴，久而久之，我發現學生們的注意力愈來愈集中，我也因此感受到他們的大幅進步與對我的信任。

「老師，我都選不到你的課，可以加開嗎？」「你好細心喔，老師我喜歡你的教法！」「很開心一接觸甜點就被你教到！」……學生們對我的愛戴一點一滴的累積，使我慢慢建立起信心。有了自信，我也更有能量把身上擁有的知識與技術盡可能傳授給學生。

大約半年後的某一天，教室當時的店長突然找我面談。因為依據公司的晉升評鑑制度，我有機會可以升職為店鋪的副店長。

「你下個月有機會可以升職，你的意願怎麼樣呢？」店長問。

「我嗎？可是我只想當老師就好……可以讓我考慮看看嗎？」我回答。

從來沒有想過要當店長或副店長的我，實在無法馬上決定。

在我們的教室裡，職員的圍裙制服有三種顏色。一進公司都會先從橘色圍裙穿起，就是一般的老師。入社至一定的年資或達成一定的技術後就會升為藍色圍裙，而黑色圍裙是給管理職的店長或副店長穿的。店鋪裡最常見的就是穿黑色圍裙與橘色圍裙的職員。

當店長或副店長，除了要不斷的提醒自己努力之外，還要懂得激勵自己的員工，發掘員工潛力，幫助他們長大。當任何人對店鋪或你的員工不利或威脅時，再害怕也得第一個跳出來解決。

「我真的可以嗎？」我不知道問了自己多少次這個問題。

除了怕不適任之外，我也在檢視自己，是否還走在正確的道路上。因為愈想達成目標，就愈可能忽略目標以外重要的東西。

在前往夢想的路上有非常多分岔點，每走一步都得決定下一步的方向，而每次的猶豫也是因為害怕自己偏離了通往最終目標的軌道。

經過一連串自我省視與掙扎，我最終勇敢接受了副店長這個職位。

以前「我」的範圍，往往只侷限於「自己」會產生變化的範圍，但在接下副店長職位的同時，「我」做的每件事或每個決定，可能影響到的不只是自己，還有下屬或是全店，我想這才是讓我猶豫這麼久的原因吧！

面對自己的改變

沒有人天生就是當主管的料。我也知道，升職為副店長後，我常常抓著以前的店長問：「要怎麼樣才能讓員工們聽話呢？要兇一點嗎？」

她總是回答我：「不需要兇，但一定要有自己的原則。」

我一開始聽不懂這個意思，畢竟在同期進公司的同事中，我是第一個升職的人，光是要如何以主管的身分叫同事做事，就讓我困擾不已。

「我不要，為什麼你不自己去做？」這句話是我剛當上副店長時最常聽到同事對我說的話。我不怪他們，如果反過來想，原本是平起平坐的同事，現在卻成為上司，難免會難以調適。

曾經看過一篇文章說：「當了主管，就要有當主管的胸襟。員工的抱怨，如果確實是你做得不好，可以思考一下如何改進。如果不是你有辦法改進的事項，就把他當成主管的責任之一，成為員工批評的標的吧。」

是的，當時經理也跟我說過：「當主管就是要給人家討厭的。」我後來把這句話當做我另類的座右銘，而這句話也一直支撐我走下去。

公司有一套培訓員工的課程與升級考試，讓員工能循序漸進的成長，直到成為獨當一面的店長。要成為店長不難，只要肯努力、肯拚，其實誰都有可能成為下一位店長，但是當上之後，專業知識與管理能力不到位，也稱不上成功。

在當副店長時，我從一個上下班搭捷運拿手機看甜點食譜、甜點照片，變成每天必看《經理人月刊》與《天下雜誌》。因為我知道，「當個好店長」和「做個好甜點師」一樣有學不完的事，與其等著別人來教，不如自己花時間去學。

在逐漸熟悉副店長的領域，並達成公司規定的升職必要績效，我也有機會參加店長的晉升考試（SC考核）。評分依據筆試和報告，所謂的筆試是指行政與業務考試，而報告是要自己製作店鋪營運分析報告。

雖說筆試的內容都是平常在做的相關業務，但是要把它變成考卷上的文字，對我來說實在不拿手，是非題、選擇題、填空題與申論題，寫的時候還花了不少時間。

當一位店長，壓力其實是很大的！除了員工管理、店鋪管理、業績管理這些管理者必須處理的最基本業務之外，我認為最大的挑戰就是「顧客管理」了。

講到「顧客管理」，除了要與顧客維持良好關係與溝通外，還有最重要也最難的，就是「客訴處理」。

我想，沒有人願意帶著微笑去面對任何人對自己的謾罵或無理取鬧吧！雖然我還是深信所有的客訴都是我們的資產，也虛心接受所有的批評指教，但面對被陌生人用手指著大罵的同時，我想應該很少有人可以微笑接受。無論是身體上或心理上的折磨，我都把它當做是磨練。

「因為我是店長啊，不處理誰能處理？」我常用這樣的話來激勵自己不要退縮。

久了之後，我發現只要先降低恐懼，把自己的念頭轉一下，將任何的客訴問題都先站在客人的立場去看時，真的可以看到客戶生氣的原因。只要互相理解與體諒，我相信最終都會是個完美的結果。

除了客戶管理之外，「業績管理」對我來說也是一個新的挑戰。以前的我心裡只有「夢想」兩個字。但是當了管理者之後，我知道很多事情不是空

在 ABC Cooking Studio
學會更多

有夢想就可以達成。要達成夢想，除了要有「勇氣」與「堅持」，還有必須支撐夢想的「資金」。在我身邊也有許多擁有夢想的人，但大部分已經被現實打得遍體鱗傷。

我認為，我們用心去服務，合理的得到報酬，這是再自然不過的事。比起夢想照亮了現實，我更相信是現實支撐起了夢想。

我從不吝於對學生坦言我有業績壓力這件事，因為我相信，了解我的人就會知道，我絕對不是為了這些虛無的東西與他們打交道，這只是一個走向目標的過程。我總是受到很多學生的支持，為了這些支持我的學生，我也會繼續往前走，直到有一天，我會自信的站在你們面前，真心的跟你們說聲謝謝！會有這麼一天的。

排除了這些崎嶇難走的道路，很感激的是，我的職務內容除了「行政管理」之外，依舊還包含「教學」。在這間公司裡，不但能增加我的管理面，也不用放棄我喜愛的教學面，因此就算碰到再辛苦的事情、再難走的路，我都會咬著牙走過去。

參加比賽是為了超越自己

在忙碌工作之餘，我也常上網研究我熱愛的甜點與食譜來消除壓力，有一天，突然看到一個甜點比賽的消息！

「台灣有這樣的比賽喔？我都不知道！」我的情緒突然高漲起來。

原本沒想要參加甜點比賽，但在一個機緣下，我認識一位從前就很崇拜的吳薰貽老師。吳老師曾獲日本東京蛋糕博覽會的糖花工藝大會會長獎。一個台灣人能打敗鋼鐵人般的日本師傅，是何等強大啊！我詢問她對於參加比賽的想法，因為我沒有自信，也不知道參加比賽對自己有什麼幫助。她對我說：「參加比賽並不是要你去跟別人比，或得獎後有什麼榮譽，最重要的其實是過程，是你為了準備比賽而從中獲得的東西。」我聽完之後鼻頭微酸，眼眶含淚，老師說的話完全擊中我的心。

「好！我知道了！我會去參加。」我回答。

在未參加甜點比賽前，為了吸收更多新技術與知識，我常去參加各式各樣的課程或研習，尤其是一些業界師傅的課程。我總是抱著像在看五月天演唱會般的崇拜心情前去，對我來說，課程的精采程度根本不輸明星演唱會。

看著師傅們的經歷，無一不是從比賽中脫穎而出的高手，但他們總是謙虛的說：「還是要繼續學習。」他們大多已經拿過無數次冠軍，卻仍不斷精進自己、挑戰新技術。我想，所有的比賽其實都只是為了「超越自己」。

我準備參加的是台灣最有公信力、也最具規模的「Gateaux 盃蛋糕技藝競賽」，由台灣蛋糕協會舉辦，參賽者有各大飯店及甜點店的主廚和師傅、學校老師或在職專業甜點師，競爭超激烈。

然而在準備比賽期間，我的奶奶過世了。奶奶一直很支持我走上甜點路，為了她，我決定用盡全力去準備比賽。

可惜我始終沒有好好研究甜點的趨勢及歷年來的得獎作品，只是自顧自的做出自認為最好的蛋糕，卻忘了在蛋糕比賽的世界也有它的評分標準與規則。這是我最大的比賽弱勢。

第一次參加蛋糕技藝競賽的作品

當時我拿著做好的成品要放進展示蛋糕櫃，服務人員還問我：「這是成品嗎？」原來，其他參賽者的作品各個宛若精湛的立體藝術品，即便我對自己作品的口味有信心，但相較之下，我的蛋糕就像身處在都市中的平房，存在感低到令人不可置信。

經歷了一次失敗，我開始研究原因。我先去參加協會舉辦的冠軍選手發表會，所有的冠軍選手會分享

一字排開的蛋糕，宛如精雕細琢的藝術作品。

自己是如何製作作品，並且花了多少時間和精力去完成。聽完大家的分享，我只有一個想法：「不愧是冠軍！」我輸得心服口服。

人生的成敗其實左右於「把自己造就成什麼樣的人」。冠軍選手之所以會獲勝，正是應驗了「台上十分鐘，台下十年功」這句話，所有完美的作品都是靠著努力一點一滴堆砌而成。我很清楚這個道理，所以我絕對不會放棄！

第二次比賽是每年年底的聖誕節蛋糕比賽。這個比賽與「Gateaux 盃蛋糕技藝競賽」除了比賽項目不太一樣，還有就是做出來的甜點必須和聖誕節有關。

在這個比賽我轉換了組別，選擇略有研究的馬卡龍組。這次我做足功課，除了研究歷年的比賽作品，還參考了國外各種甜點雜誌或任何聖誕應景商品，這些都是我的靈感來源。

確定主題後，我開始決定馬卡龍的外型與種類（馬卡龍還分為法式馬卡龍、義式馬卡龍及瑞士馬卡龍），每一種的外殼都各有優缺點。接著依據選擇的種類再決定內餡的口味。

試做之前，我跑去很多甜點店觀察各式馬卡龍，到處欣賞聖誕樹及聖誕布置，甚至連販賣很多聖誕商品的台北後車站都去逛了好幾次。其實，很多靈感都可以從生活中找到，我需要做的就是去發掘它的美，以及每一樣事物的無限可能。當我腦海裡充滿了各式各樣天馬行空的想法時，就要把最有感覺的部分挖掘出來，這就是我對「主題」與「外型」的創作方式。

關於「種類」，我選擇了較少人製作的瑞士馬卡龍，因為我想要呈現不同的口感。而「內餡」的設計也是經歷許多掙扎，我希望能表現出既獨特又具層次感的豐厚水果口味，但如何讓搭配的水果互不搶味是一大考驗；從水果製成果泥，再將果泥搭配根莖香料製成如香水般的香氣。我想做出會讓人心醉神迷的內餡。

馬卡龍的外殼材料雖簡單，但每一樣食材的品質都得使用得恰到好處，例如有點彈性又沒有太大彈性的「蛋白」、含水量豐富的「上白糖」、細緻入微的日本製「杏仁粉」，光是食材的準備，我就知道這會是個強而有力的馬卡龍了。

如此驕傲的馬卡龍，就算我是創作出它的媽媽，也不見得百分百確定它能完美呈現，製作當天的氣溫、溼度、乾燥時間與程度、烤箱種類與穩定度等因素，都影響著馬卡龍的呈現。

比賽前約一個月，我買了八十顆蛋、三公斤杏仁粉、六公斤的糖粉與砂糖，並給自己訂定一個目標，在用完這些材料之後，我必須變強大。雖然家裡的烤箱一台不到兩千元，但我相信只要努力練習，就算再爛的烤箱也可以烤出獨特的馬卡龍。

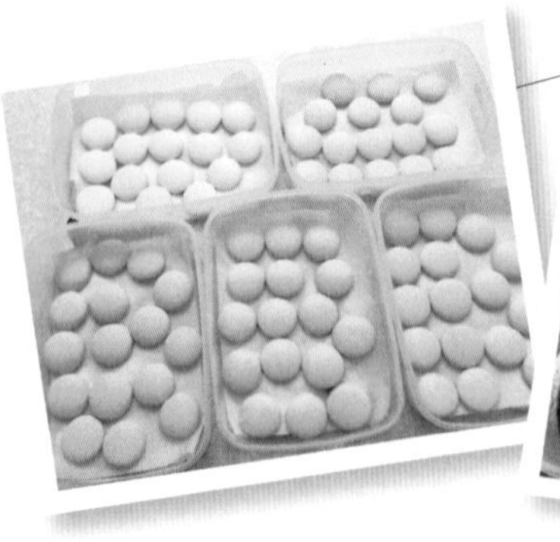

只要有空，就是不停的做、做、做！

練習期間，我依然每天去上班，一旦準時下班就至少會練習做一盤馬卡龍；休假時則練習三盤。一開始，家裡的廚餘桶常塞滿失敗的馬卡龍，漸漸的，這種光景已不再出現。

一生中最難忘的一天

比賽前一天，我幾乎沒有睡覺，整晚都在做最後的準備，希望能在比賽中將作品呈現最完美的狀態，至少不要讓自己後悔。

隔天報到後，我把作品放上展示區。看了大家的作品之後，我暫時離開會場，不是我不在乎或過度緊張，而是心理交錯的複雜感，就像一個媽媽看著參賽的小孩獨自在台上單打獨鬥，在台下雖然緊張不已，卻又有那種使不上力的無助感。不管了，我牙一咬，決定等頒獎時刻再回來接受一切！

評審試吃與評分時間大約兩小時，接著就要準備公布得獎名單。我的好友 Mandy 義氣相挺，陪著我一起到頒獎會場。她不停說著我一定會得獎的話，而我不停的告訴她「不可能」，但其實我只是害怕期待愈高，失望也會愈大。

Mandy 為了排解我緊張的心情，在頒獎會場上不停跟我說著有趣的事，以至於我從一開始頒發的「糖工藝」獎項後，就沒有注意台上在說些什麼。但突然間，我好像回了神，就像冥冥中有人在提醒我一樣。接著，我就聽到台上說著：「最後我們要頒發的是……冠軍。」全場凝神以待。

「得獎的是……劉・偉・苓！」

「什麼？什麼啊？」我整個人愣住了，Mandy 在我旁邊大呼小叫：「偉苓，你冠軍耶！」我只記得我腦袋一片空白的站上台，然後拿了獎盃和頒獎者握手，有一堆閃光燈，還有一堆人拍手，其餘的全忘了。直到我冷靜下來，看著手上的獎盃……是冠軍哪！同時間能聽到的聲音就只有台下Mandy的尖叫聲。謝謝你，Mandy，這是我聽過最完美的背景音樂了！

得獎的這一刻，我想感謝這一路上幫過我的所有人：給我這個舞台的蛋糕協會、培育我的製菓學校與公司ABC Cooking Studio，感謝我在廚藝教室的老闆黃尚莉女士與我的上司卯月佳子女士；當然最重要的就是感謝我的爸爸媽媽，無論我做什麼決定，他們總是支持著我到最後。

我想，並不是只有我一個人會經歷這樣的過程，每一位和我有同感的你們，應該都有很多說不完的故事和辛酸。

我很常說「覺得自己很幸運」這句話，這是因為我認為沒有任何人、事、物是一百分，除非自己當老闆，不然沒有什麼工作是不委屈、不難受、不累。就像你深愛的人那樣，他也不會是十全十美，但你還是愛他，因為愛他，就能連同他的缺點也一起愛下去，對吧！

我人生中重要的獎盃

你可能會問我，我的目標到抵達到了沒有？

我想，這條路是沒有終點的。而訂下成為甜點師這樣的目標，是為了讓自己前進的方向明確。就像在工作上，無論是在市集擺攤賣甜點，或者是成為甜點店的師傅，又或者是廚藝教室的店長或甜點培訓員，不論身處怎樣的職位，我們都應該放下經歷過的不安與辛苦，因為無論怎樣，我們都始終往正確的方向走，值得對自己感到榮耀與信賴。

不管未來如何，也許會經歷更多的打擊與磨難，但，我終將走在朝著目標的路上，無論這條路還有多長……

動手做甜點

瑞士馬卡龍

在最終章，我覺得最適合分享給大家的莫過於馬卡龍了。這裡介紹基本款的瑞士馬卡龍做法。美麗的外表、令人沉醉的口感，雖然難度較高，但也最適合訴說在甜點這條路上的種種。

夢想要實現，勢必會經歷一段艱辛的過程。也許你會說，有些人根本不費吹灰之力就完成夢想！我只想跟你說，有這樣好運的人就像要在海裡捕到「藍龍蝦」一樣，機率只有兩百萬分之一。也許你沒辦法一次就做成功，但只要你試了又試，找出每一次失敗的原因，你也可以變成下一個馬卡龍冠軍。

材料

外殼

- 杏仁粉……95g
- 糖粉……95g
- 蛋白……30g
- 砂糖……100g
- 蛋白……50g
- 色粉……適量

慕斯林奶油餡A

- 牛奶……200g
- 鮮奶油……80g
- 蛋黃……75g
- 細砂糖……50g
- 玉米粉……25g
- 無鹽奶油……20g

慕斯林奶油餡B

- 牛奶……90g
- 蛋黃……70g
- 細砂糖……80g
- 無鹽奶油……360g

做法

1. 將一百克砂糖與五十克蛋白隔水加熱至攝氏五十度。
2. 將九十五克杏仁粉與九十五克糖粉過篩，加入三十克蛋白混合均勻。取做法1中的五十克，加入做法2中混合均勻備用。可加入適量色粉調整顏色。
3. 將剩餘的1打發至微彎且有光澤後分次拌入2，放常溫乾燥後（用手觸摸不黏手狀態），放入烤箱以一百六十度烤十二分鐘即完成外殼。
4. 製作慕斯林奶油餡。將材料A的牛奶與鮮奶油煮滾，加入混合好的蛋黃、細砂糖與玉米粉，一邊攪拌、加熱至滾約兩分鐘使之濃稠，關火後加入無鹽奶油混合均勻。
5. 將無鹽奶油切塊後，搭配電動打蛋器，慢慢加入，用低速混合均勻並放至冷卻，即完成慕斯林奶油餡。
6. 取兩片做法2的外殼，將慕斯林奶油餡裝入擠花袋，擠在其中一片上後夾上另一片即完成。

◆ 合羽橋道具街

網站：http://www.kappabashi.or.jp
前往方式：
- 地鐵都營淺草線於「淺草」站下車，步行約十五分鐘。
- JR 山手線於「上野」站下車，步行約十五分鐘。
- 地鐵銀座線於「田原町」站下車步行，約五分鐘。
- 都營巴士於「菊屋橋」巴士站下車。

◆ 馬嶋屋菓子道具店

營業時間：9:30 ～ 17:30
地址：台東區西淺草 2-5-4
網站：http://majimaya.com/

◆ 淺井商店

營業時間：9:00 ～ 18:00
地址：東京都台東區西淺草 2-6-5
網站：http://www.rakuten.ne.jp/gold/asai-tool/

◆ 自由之丘－ CUOCA

地址：東京都目黒區緑が丘 2-25-7
スイーツフォレスト 1F
網站：http://www.cuoca.com/

◆ 富澤商店 Tomizawa

地址：東京都新宿區西新宿 1-1-4
京王新宿店 8F
網站：https://tomiz.com/

◆ フレーバーランド おかしの森

地址：東京都台東區西淺草 1-5-16
網站：http://www.flavor-land.com

◆カフェコムサ

地址：東京都新宿區新宿 3-26-6 コムサストア新宿店 5F
營業時間：11:00-23:00 /11:00-20:00（週日、假日休）
網站：http://www.cafe-commeca.co.jp/

◆白髭のシュークリーム工房

地址：東京都世田谷區代田 5-3-1
營業時間：10:30 ～ 19:00
網站：http://www.shiro-hige.com/

◆ PALETAS Cafe

地址：東京都港區赤坂 9-7-3 東京ミッドタウン ガレリア B1
營業時間：11:00 ～ 21:00
網站：http://www.paletas.jp/

◆ Toshi Yoroizuka

地址：東京都港區赤坂 9-7-2 東京ミッドタウン・イースト 1F B － 0104
營業時間：11:00 ～ 21:00
網站：http://www.grand-patissier.info/ToshiYoroizuka/

◆ リリエンベルグ

地址：神奈川県川崎市麻生區上麻生 4-18-17
營業時間：10:00 ～ 18:00
網站：http://www.lilienberg.jp/

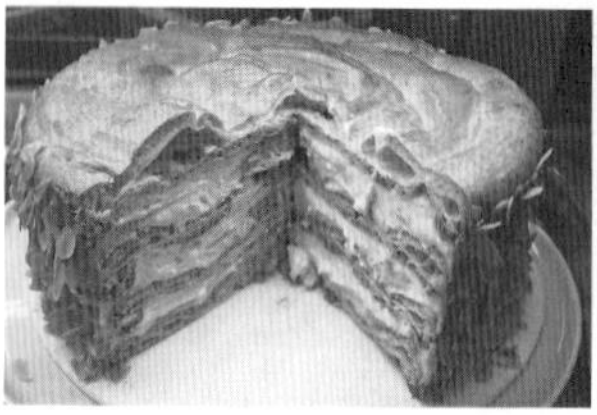

◆ HARBS ルミネエスト新宿店

地址：東京都新宿區新宿 3-38-1 ルミネエスト新宿 B2F
營業時間：平日：11:00 ～ 22:00/ 假日：10:30 ～ 21:30
網站：http://www.harbs.co.jp/harbs/

◆ 船橋屋　亀戸天神前本店

地址：東京都江東區亀戸 3-2-14
營業時間：9:00 ～ 18:00
網站：http://www.funabashiya.co.jp/

◆ デイリーチコ霜淇淋

地址：東京都中野區中野 5-52-15
（中野百老匯大樓 B1）
營業時間：10:00 ～ 20:00
網站：https://tabelog.com/tw/tokyo/A1319/A131902/13001083/

關於市集，台北必蒐

◆ 公館創意跳蚤市集

地點：台北市汀州路三段，與思源街交叉路口的廣場
費用：創意攤位一天六百元
營業時間：每週六、日 15:00 ～ 22:00
官網：http://gongguan.tw/bbs/forum.php

◆ 天母生活市集

地點：天母廣場（台北市中山北路七段，與天母西路的交叉口）
費用：星期五單獨招生，一日四百元清潔費；
星期六、日報名兩天，一千三百元清潔費
（六、日為一個檔期，需報名兩天）.
營業時間：週五：晚場 16:00 ～ 22:00
週六：早場 09:00 ～ 15:00
晚場 16:00 ～ 22:00
週日：15:00 ～ 21:00
官網：http://www.tianmu.org.tw/

我要成為甜點師！
一個人，從東京開始的追夢旅程

作者／劉偉苓

主編／林孜懃
副主編／陳懿文
封面設計／謝佳穎
內頁設計／蔣青滿、黃齡儀
行銷企劃／盧珮如
出版一部總編輯暨總監／王明雪

發行人／王榮文
出版發行／遠流出版事業股份有限公司
地址：臺北市南昌路二段 81 號 6 樓
郵撥：0189456-1
電話：（02）2392-6899　傳真：（02）2392-6658
著作權顧問／蕭雄淋律師
輸出印刷／中原造像股份有限公司
2017 年 9 月 1 日初版一刷

定價／新台幣 299 元（缺頁或破損的書，請寄回更換）
有著作權・侵害必究 Printed in Taiwan
ISBN 978-957-32-8061-3
遠流博識網 http://www.ylib.com E-mail:ylib@ylib.com

國家圖書館出版品預行編目(CIP)資料

我要成為甜點師！：一個人，從東京開始的追夢旅程 /
劉偉苓著. -- 初版. -- 臺北市：遠流, 2017.09
面；　公分
ISBN 978-957-32-8061-3（平裝）

1.劉偉苓 2.臺灣傳記 3.成功法

177.2　　106014177